歴博フォーラム

古代日本 文字の来た道

【古代中国・朝鮮から列島へ】

❖平川南 編

大修館書店

殷 前1500頃　西周 前1120　東周（春秋時代 前770　戦国時代 前403）前256　秦 前221　前漢 前202　新 8　後漢 25　魏 220　蜀 221　呉 222　263　265　西晋 280　316 五胡十六国　東晋 317　宋 420　北魏 439　斉 479　梁 502　東魏 534　西魏 535　北斉 550　北周 557　陳 557　隋 581　589　唐 618　907

中国

前2300頃 **丁公村出土陶片**

甲骨文字登場。（神のための文字）

青銅器の内側に銘文が刻まれる。

青銅器の外側に銘文が刻まれる。
（人のための文字）

「山」字文を配した銅鏡

秦、中国を統一。始皇帝、度量衡統一。**量《ます》に文字を複製。**

前215 万里の長城修築。

前213 焚書坑儒。

105 蔡倫、紙を発明。

このころ、梁で『千字文』成立。

科挙制度開始。

611 隋、高句麗に遠征。遠征に失敗し、各地で反乱、群雄割拠する。

624 均田制、租庸調制の実施。

629 玄奘のインド行。

690 則天武后（高宗の后）即位し、国号を周と称す。

朝鮮半島

前277 高句麗の建国

前108 漢の武帝、朝鮮半島に四郡を設置。

このころ、茶戸里遺跡で筆・刀子が使われる。

楽浪郡下で県名を刻んだ封泥が使用される。

このころ、楽浪郡の屯有県以南に帯方郡成立。

前57 新羅の建国（『三国史記』『三国遺事』）

前37 高句麗の建国（『三国史記』『三国遺事』）

前18 百済の建国（『三国史記』『三国遺事』）

魏の攻撃により高句麗の南進始まる。

313 高句麗、楽浪郡、帯方郡を滅ぼす。

336 前燕から冬寿が高句麗に亡命。中国系の人々が高句麗の文字文化に影響を及ぼす。

372 前秦の僧・順道が高句麗に仏像・経文を伝える。

391 高句麗の広開土王即位。

414 **広開土王碑**立碑（高句麗）

415 **壺杅作成**（高句麗）

このころ、**中原碑**立碑（高句麗）

427 高句麗が平壌地域に遷都。
朝鮮半島における中国の影響力弱まる。

このころ、**象嵌銘文入りの鉄刀**（東京国立博物館蔵）製作か。

503 **迎日冷水碑**立碑（新羅）

520 新羅、律令制定。

524 **蔚珍鳳坪碑**立碑（新羅）

このころ、**丹陽赤城碑**立碑（新羅）

552 高句麗が王城南部に長安城造営を開始。

壬申誓記石立碑（新羅、612説あり）

このころ、**城壁石刻**が刻まれる。

城山山城遺跡出土木簡

561 昌寧碑立碑。（新羅）

564 新羅、北斉に朝貢。翌年に冊封。

568 新羅、南朝の陳に朝貢。真興王、朝鮮半島東北部から現在のソウルへと巡狩。真興王巡狩管境碑（**磨雲嶺碑**、黄草嶺碑、北漢山碑）を立碑。

591 南山新城碑立碑。（新羅）

660 百済、滅亡する。

668 高句麗、滅亡する。

676 唐、朝鮮半島を放棄。新羅の統一時代はじまる。

雁鴨池遺跡出土木簡・鉄製鍵

日本（倭国）

土器に文字が記される。（二〜四世紀）

志賀島金印

倭国、朝鮮半島にあった帯方郡などの中国拠点を媒介に中国と外交を行う。

このころ、中国の暦日を使用した記録の作成開始か。

"王仁、百済より倭国へ到り、『論語』『千字文』を伝える" という記事が記紀に見える。（応神天皇十六年）

象嵌銘文を施した刀剣が作られ、地方に下賜される。

471 **埼玉・稲荷山古墳出土鉄剣**
（千葉・稲荷台一号墳出土「王賜」銘鉄剣）

503 **和歌山県・隅田八幡宮人物画像鏡**（四四三年説あり）

このころ、倭国に仏教伝来。

588 飛鳥寺建立開始。

大阪・桑津遺跡出土呪符木簡、明日香・坂田寺出土付札

607 第一回遣隋使。

622 聖徳太子逝去。**天壽國曼荼羅繡帳銘**

623 **法隆寺金堂本尊釈迦三尊像台座墨書**
法隆寺金堂本尊釈迦三尊像後背造像銘

630 第一回遣唐使。

地方での木簡使用広がる。

（徳島・観音寺遺跡出土『論語』木簡、長野・屋代遺跡群出土木簡）

読み・用字法・文体に朝鮮半島の影響が見られる木簡。

（滋賀・西河原森ノ内遺跡出土木簡、飛鳥池遺跡出土木簡）

このころ、**法隆寺金堂薬師如来像光背銘**

福岡・井上薬師堂出土木簡

670 全国的戸籍の作成開始。（庚午年籍）

681 **群馬・山ノ上碑**立碑。

694 藤原京遷都。

700 **那須国造碑**立碑。

701 大宝律令施行。

704 諸国の印を鋳造・頒下。

710 平城京遷都。

711 多胡碑立碑。

兵庫・山垣遺跡出土木簡

712 『古事記』成立。

720 『日本書紀』成立。

723 太安万侶墓誌

薬師寺境内出土『千字文』木簡、平城宮二条大路出土木簡

長屋王家出土木簡（変体漢文による木簡）

784 長岡京遷都。

794 平安京遷都。

797 『続日本紀』成立。

804 最澄と空海、唐にわたる。

849 **石川県・加茂遺跡の牓示札**

赤太字：本書中に図版を掲げた事項
赤　字：文字の歴史と関連する事項
黒　字：一般的な事項

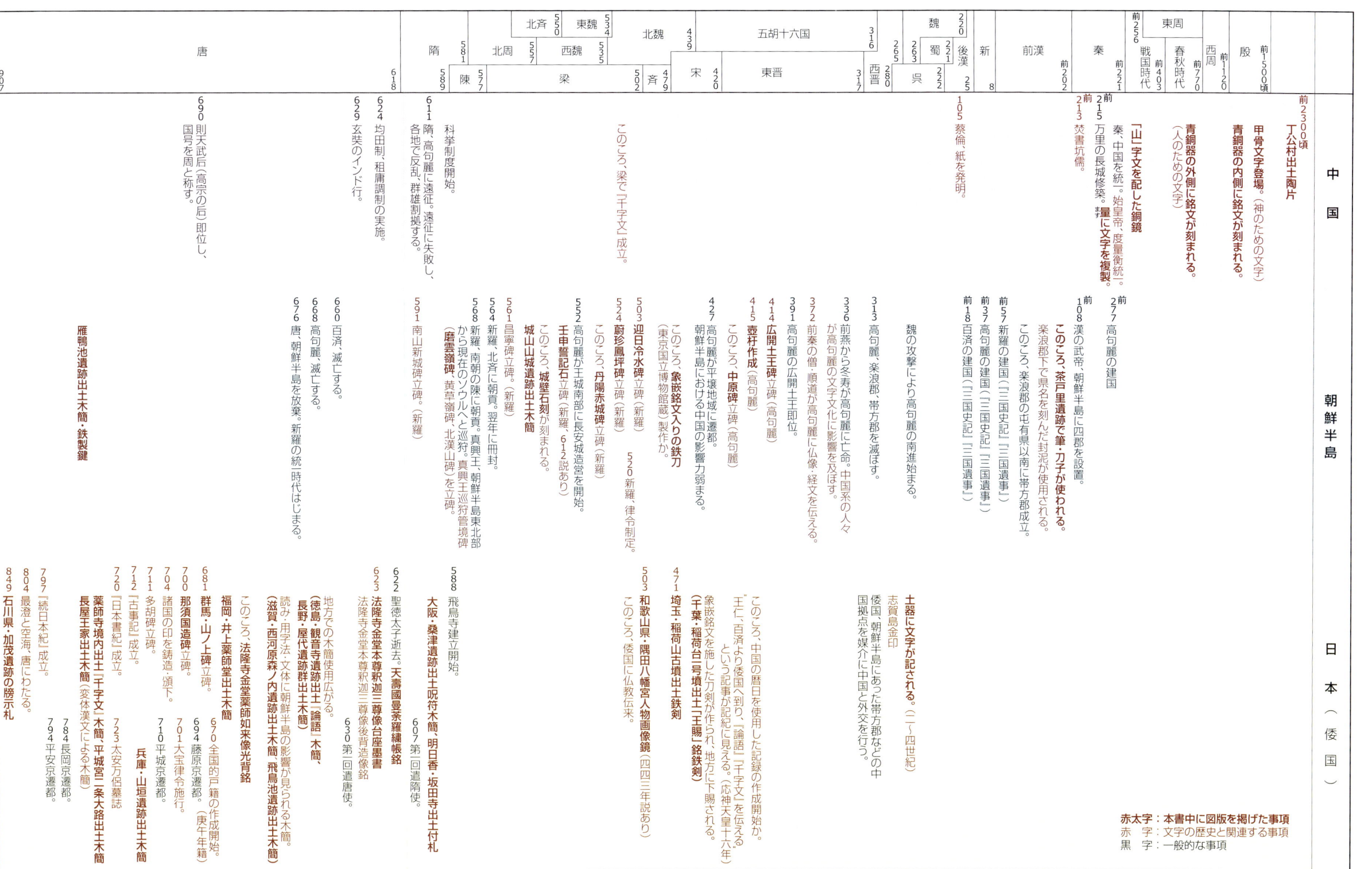

はじめに

平川　南

国立歴史民俗博物館（以下歴博）は、一九八一年に「大学共同利用機関」として創設され、今年で創設二十四年を迎える。「大学共同利用機関」とは耳なれない言葉かもしれないが、それまでの大学の枠を超え、大学でできないような学術研究をするという目的で設立されたもので、現在十六の機関がある。例えば国立天文台や南極の調査を行っている国立極地研究所、そして我々と同じ人文社会系の研究機関としては、大阪の国立民族学博物館、京都の国際日本文化研究センター、東京の国文学研究資料館等が同じような形態の研究機関である。

歴博はこのような国立の共同利用機関であるが、「博物館」という名前を冠しており、国立の唯一の「歴史研究博物館」として出発した。歴史資料に限らず、考古資料、民俗資料、その他、これからの新しい歴史学を打ち立てていくために必要なあらゆる領域に幅を広げて資料を収集し、その資料に基づいて行った調査・研究、あるいは国内外の研究者と共同研究を行った最前線の成果を、従来のような研究報告論文だけでなく、展示を通して研究者はもちろん広く一般の方々に見ていただくのである。

その歴博が、創設二十周年にあたり、これまで古代日本の文字文化について行ってきた研究の成果を広く一般に公開するため「古代日本　文字のある風景」という展示を実施した（二〇〇二年三月十九日～六月九日・歴博にて、以後各地巡回）。歴博が共同研究を推進する際に一番心がけているのは、現代の日本社会の中で何が課題となっているのかという現代的な視点から問題設定をし、それを歴史学の方から積極的にアプローチしていくということである。「古代日本　文字のある風景」というテーマも、実は、現代における文字文化そのものが大きな曲がり角にさしかかっており、同時に、二十一世紀の課題の一つに挙げられているという認識から設定された。

かつて中国で漢字というものが生まれ、文字を持たなかった日本列島でそれを受け入れた。そして、日本だけでなく、周辺の東アジア全体に漢字文化圏が広がった。現在では、隣国の韓国では民族文字のハングルを専ら用いており、中国でも簡体文字を多用している。日本においても常用漢字という形で漢字の使用を一九四五字に限定したり、あるいはコンピューターの時代になって漢字コードを六五〇〇字と限定したり、さらには最近では漢字の検定試験もあって、自分たちの用いる文字の検定を受ける時代となった。我々の文字文化そのものが大きな曲がり角に来ている今、これからの二十一世紀に我々がどのような文字文化を持ち得るのかを真剣に考えていく必要がある。そのためには文字というものをもう一度とらえ直す、すなわち日本列島に文字が最初に入ってきたころからの歴史をきちんと究明していく必要があると考え、展示を企画したのである。また、展示を通して文字文化への理解を深めていただくと同時に、展示の中では十分に解明できない点をより追究するために、展示の期間内に同テーマのフォーラムを行った。本書は、そのフォーラムの内容を、さらなる増補を行い収録したものである。

文字を持たなかった日本――当時は倭――は、どのようにして中国から文字を受け入れたのか。古代日本においては、中国大陸と日本列島の間にある朝鮮半島を経由してあらゆるものが大陸から日本にもたらされた。文字の問題も、古代朝鮮の文字文化を抜きにしては考えらない。フォーラムでは、その多大な影響の実像を徹底して明らかにしていこうと試みた。日本列島の人々は、やがては日本語の文章までも表記できるようになり、八世紀には『古事記』や『日本書紀』、『万葉集』、そして正倉院文書世界というように、大きな成果をもたらしていく。しかし一方で、古代の村々には十分に文字を理解できない人たちが大勢おり、そうした人々と文字が向き合ったとき、日本独特の文字文化が生まれたのであろう。企画展では、古代の中国や朝鮮とも、あるいは日本の中世以降とも違う、非常に特異な文字文化が描き出せるのではないかという見通しのもとに展示を行った。さらに、フォーラムでは、展示で表現できない、中国における漢字の発生・展開や、日本語と朝鮮語の国語学的なアプローチ、古代の朝鮮の文字文化の実態、それから古代の日本の文字文化の実態に迫ってみた。また、文字というものがどういう意味を持っているのか、文字を持つことにはどういう意味があるのかという最も本質的な点について、文化人類学の研究者にも加わっていただき、幅広い学問分野からこの大きな問題にアプローチしている。

当日八時間にわたったフォーラムであるが、本書をお読み下さる方々と共に、文字をめぐる諸問題について考えていきたいと思う。

本書は、平成十四年四月に開催された左記フォーラムをもとに構成し、増補加筆したものです。

第38回歴博フォーラム
「古代日本　文字のある風景　―金印から正倉院文書まで―」

日時：平成十四年四月十四日（日）
場所：東京銀座　ヤマハホール
司会：平川　南
パネリスト：阿辻哲次・李　成市
犬飼　隆・東野治之・川田順造

主催：国立歴史民俗博物館・朝日新聞社

目次

第2部 フォーラム

［司会］平川 南
［パネリスト］阿辻哲次／李 成市
犬飼 隆／東野治之／川田順造

【パネリスト】

阿辻　哲次（あつじ・てつじ）

京都大学総合人間学部教授。日本・中国文化史専攻。著書に、『漢字学』（東海大学出版会、1985年）、『図説漢字の歴史』（大修館書店、1989年）、『教養の漢字学』（大修館書店、1993年）、『漢字の字源』（講談社現代新書、1994年）、『漢字のいい話』（大修館書店、2001年）。

李　成市（り・そんし）

早稲田大学第一文学部教授。朝鮮史・東北アジア史専攻。著書に、『東アジアの王権と交易』（青木書店、1997年）、『古代東アジアの民族と国家』（岩波書店、1998年）、『東アジア文化圏の形成』〈世界史リブレット7〉（山川出版社、2000年）。

犬飼　隆（いぬかい・たかし）

愛知県立大学文学部教授。国語学専攻。著書に、『上代文字言語の研究』（笠間書院、1992年）、『古代日本の文字世界』〈共著〉（大修館書店、2000年）、『文字・表記探究法』（朝倉書店、2002年）。

東野　治之（とうの・はるゆき）

奈良大学文学部教授。日本古代史専攻。主な著書に、『正倉院文書と木簡の研究』（塙書房、1977年）、『日本古代木簡の研究』（塙書房、1983年）、『書の古代史』（岩波書店、1994年）『長屋王家木簡の研究』（塙書房、1996年）、『日本古代金石文の研究』（岩波書店、2004年）など。

川田　順造（かわだ・じゅんぞう）

神奈川大学大学院歴史民俗資料学研究科教授。文化人類学専攻。主な著書に、『サバンナの音の世界』〈カセット・ブック〉（白水社、1998年［1988年］）、『口頭伝承論』（平凡社ライブラリー、2001年［1992年］）、『コトバ・言葉・ことば』（青土社、2004年）、『アフリカの〈声〉』（青土社、2004年）、『人類学的認識論のために』（岩波書店、2004年）など。

【司会】

平川　南（ひらかわ・みなみ）

国立歴史民俗博物館歴史研究部教授。日本古代史専攻。主な著書に、『漆紙文書の研究』（吉川弘文館、1989年）、『よみがえる古代文書』（岩波新書、1994年）、『古代日本の文字世界』〈編著〉（大修館書店、2000年）、『墨書土器の研究』（吉川弘文館、2000年）、『古代地方木簡の研究』（吉川弘文館、2003年）など。

第1部 基調講演

1 人は何のために文字を書いたか

中国での文字の発生

阿辻哲次

阿辻でございます。本日の「古代日本　文字のある風景」というフォーラムに、中国あるいは漢字にまつわることをやっている者がお招きにあずかることを大変うれしく思いますと同時に、私は日本のことについては門外漢ですので、深い議論の中身についていけるかどうか、いささか心配でもあります。

先日、歴博へ参り、今回の展示を見せていただきました。まことにすばらしい展示でしたが、そのときに少し考えたことがあります。簡単に申しますと、文字というのはだれかが何らかの必要があって書くわけですが、書くときには、その文字を読んでくれる読者というものが当然想定されるわけです。何のために、そしてだれのために文字を書くのか。例えば手紙を書くのは特定の人物が読んでくれることを想定して書くわけですし、作家が

（次頁注）
＊1　石器時代の最後の時期で、磨製石器と土器を使い、牧畜・農耕を始めるようになった時代。中国ではおよそ前六〇〇〇年～前一五〇〇年ごろ。
＊2　馮時「山東丁公龍山時代文字解読」（『考古』九四―一）
＊3　中国西南部、雲南・青蔵高原の東南の辺縁に居住する民族。イ語はチ

小説やエッセーを書くのは、文学愛好家を脳裏に描いてお書きになるわけですね。行政文書なら、行政というシステムの中で、文字を媒介として情報を伝えるために書く。このように、「だれのために」「どのような中身を」「だれに読ませるために」「何を使って」書くのかということは、特に古代における文字とその周辺を研究しようとする場合に欠かすことができないアプローチの方法ではないかと思います。

「漢字」とは

◆「漢字」とは何ぞや？

今日は中国のことを話せということですので、古代中国の文字のありさまをお話ししようと思います。漢字の歴史のすべてを話すと、夕方まで私がこの場を独占しなければなりませんので、秦《しん》の始皇帝ぐらいまでを駆け足でご紹介していこうと思っています。

日本には文字がなく、中国からそれを導入したということは申すまでもない話ですが、では中国では文字がどのように始まったのか。今から十年ほど前（一九九三年）、中国の丁《てい》公村《こうそん》という遺跡から、針金のようなもので十数文字と推定されるものを刻みこんだ、マッチ箱ほどの陶器のかけらが発見されました。この遺跡は紀元前二三〇〇年ぐらいと推定されています。紀元前二三〇〇年といえば新石器時代*1です。この陶片をめぐっては、中国の甲骨文字研究者がこれを解読したという論文*2が発表されております。その論文によれば、現在は雲南省あたりに居住している少数民族でイ*3（彝）族という民族がおりますが、古代

ベット・ビルマ語族に属す。人口六五七万人余（一九九〇年統計）。牧畜民であった古代西戎系の民族が南に下り農耕民化したという説が有力。

▶丁公村出土の陶片。一九九三年、三東省鄒平県丁公村で発見された。（文物出版社提供）

のイ族が先祖を祀って子孫の加護を祈った祝詞《のりと》ではないか、ということです。丁公村から発見された資料がもし本当に文字であるとしても、その中身については、論文が一本書かれてはいるものの、問題がすべて解決できたかどうか、現在の段階ではまだ何とも申し上げることができません。*一

さらにもしもそれがイ族という少数民族の文字であれば、それは「漢字」ではないということになります。ここで、漢字とは何ぞや、ということを考えなければいけないのですが、世間には時々、漢字の「漢」は漢王朝の「漢」で、漢の時代にできたから「漢字」というのであると考えている方がおられます。漢というと、キリストが生まれる約二百年前からキリスト紀元の二百年後、要するにキリスト紀元をはさんで前後四百年間ぐらい続いた王朝ですが、後ほど紹介する甲骨文字はそれより千年以上前のものですから、漢王朝よりはるか前から漢字は存在しています。

では、「漢字」とは何なのか。中国の最も主要な民族である漢民族、その漢民族が話す言語を「漢語」と呼びます。それを日本では一般に「中国語」と呼んでいますが、その漢民族が話す言語＝「漢語」を表記するための文字が「漢字」なのです。いま紹介した丁公村出土の十数文字を刻んだ陶片がもしもイ族の文字を書いたものだったとすれば、「漢字」＝「漢民族の言語を表記したもの」である限り、文字ではあるにせよ漢字ではないということになるわけです。これから出土資料がどのように展開していくかということによって、漢字の起源がやがて明らかになるかもしれません。ともあれ現在の段階では、漢字の起源については考古学的出土品に頼らざるを得ないというのが現状です。

*一　詳細は松丸道雄「漢字起源問題の新展開」（『古代中国の社会と歴史』汲古書院、一九九九年）

◆漢字の祖先、甲骨文字

それに対して、今私たちが使っている漢字の直接の祖先は「甲骨文字」*1です。今日はひとつ模型を持ってきておりまして、ここに取り出しましたるは、一枚の亀の甲羅です。この亀の甲羅は非常によくできていて、片面に文字が刻まれています。例えば博物館の展示施設の中で、仰々しくスポットライトを当ててこれを展示しますと、「お、甲骨文字ってこんなものか」と素人さんを簡単にだませるくらいよくできたものです。実は中国の博物館展示用の複製品を作る職人さんから譲っていただいたもので、実際に発見されている甲骨の文章を、そっくりそのまま亀の甲羅に復元したものですから、甲骨文字の見本としては非常によくできていて、大学での講義なんかにはこうして使っています。

しかし裏を見ますと、これが偽物であることが一目瞭然で、なぜなら裏側には占いをした形跡が全くありません。古代国家では中国に限らずどこでも、神など超自然的存在によって行動の方針を決定するということが、普遍的に行われていました。中国の場合は戦争であるとか、あるいは王妃の出産であるとか、今年の農作物が豊作であるかとか、国家の重要事や王の身の回りのさまざまな事柄について、「帝」と呼ば

*1　甲骨文字については白川静『甲骨文の世界』（平凡社、一九七八年）、阿辻哲次『図説漢字の歴史』（大修館書店、一九八九年）ほか多数の概説書がある。

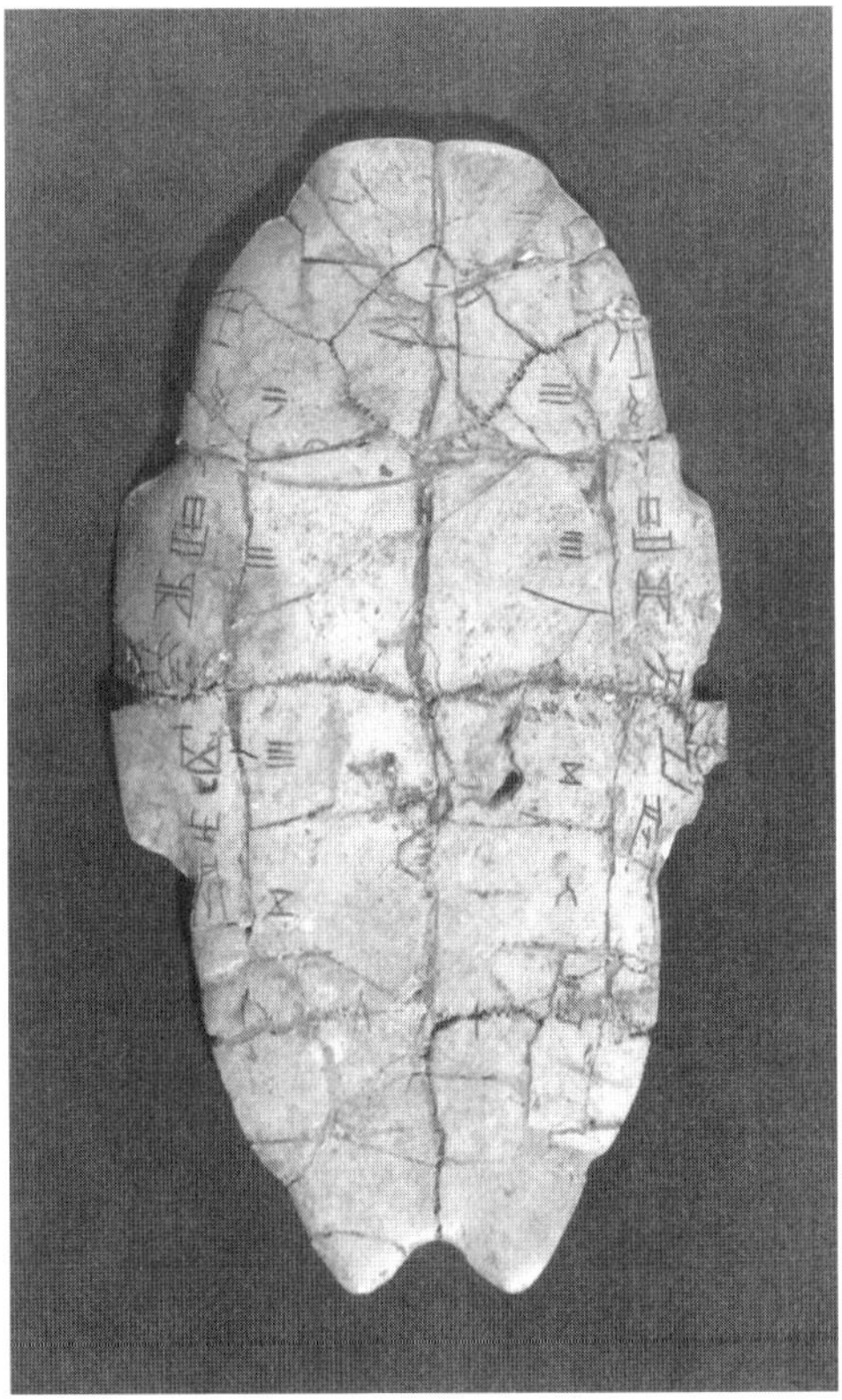

◀占いをしたあとに文字を刻みつけた甲骨（殷代・前十二世紀頃のもの）。

れる神様から託宣を得るために、占いを行います。亀甲や牛骨を使って占いを行い、そこに占いの内容と結果を刻みこんだものが甲骨文字なのです。

その占いの方法を簡単に申しますと、亀の甲羅の裏側にくぼみをあけ、そこに熱を加える。すると甲羅の表側に、片仮名の「ト」のような形のひびが入ります。そのひびの走り方によって、神様にお尋ねした事柄についての託宣、お告げを読み取りました。そういう占いの内容と、後で実際に起こった結果の事柄をひびの横に書きつけたものが、現在までに大小取りまぜ二十万点以上も発見されています。甲骨文字はたかだか百年ちょっと前にその存在が明らかになったものですが、固有名詞を除いて、基本的にほぼ解読が可能になっています。

だれのために文字を書いたか

◆甲骨の占い

今日は甲骨文字に関して、とくに読者すなわち「文字を読む人間」との関係にスポットを当ててお話ししようと思います。甲骨を使った占いは、例えば隣の国と戦争していいかどうかのお告げを得るためであれば、亀甲や牛骨の裏側に穴をあけて熱を加え、表面にひびを走らせ、そのひびの形によって戦争してもよいとか、戦争してはいけないとかの判断を読み取った段階で、占いという事柄は完結します。つまり戦争していいか悪いかということを知るだけなら、ひびが走った段階で終わりであるはずです。何もわざわざそこから後に、その後実際にどうなったかを記す必要はありません。しかし実際の甲骨文字にはひびの横に、「いつ、だれが、こんなことを占って、神様はこのように判断された。その結果、戦争して勝った」などという文章が記録されています。これは一体どういうことなのでしょうか。

実は、甲骨は文字が刻まれてから後は、非常に丁寧に半地下式の穴蔵に保管されていたようです。一九三六年、安陽（河南省）郊外の*1殷墟《いんきょ》から亀の甲羅が一万二〇〇〇点ぐらい固まって発見されました。中国の考古学の父ともいえる人物に、*2李濟《りさい》という人がいます。彼の著書『安陽発掘』によると、

> あらかじめ整えられた計画によると、六月十二日はこのシーズンの最後の日となるはずだった。しかし六月十二日午後四時、突然多量の亀甲がH一二七に出現した。我々が五時三〇分にその日を終えたとき、発掘隊は一時間半にわたって、〇・五立方メートルにびっしりとつまった亀甲を片づけたにすぎなかった。ざっと計算して、すでに少なくとも三七六〇片に達していた。過去の経験に照らしてみて、まことにそれはかなりの数である。余分の時間があれば、この驚くべき公文書の包含量の取り片づけと作業の完了のために十分であろうと予期して、当然我々はもう一日作業を延したのであった。しかしまことに「事実はフィクションより奇なり」である。発見の実際の満足は、我々の予期をはるかに越えたものとなった。H一二七の内容は他の地下堆積とちがって、けっして混入または攪乱がなかった。反対にそれらは整然と堆積していた。それで新しい発掘

*1　殷は前十五世紀〜前十一世紀ごろの中国古代王朝。河南省安陽市西北の小屯村一帯に、その中心部に比定される遺跡（殷墟）がある。

*2　李濟（一八九六〜一九七九）。中国を代表する考古学者として、殷墟など多くの遺跡の発掘に携わった。

と記録の方法が必要であることがはっきりしてきた。[*1]

とあります。この発見状況のレプリカが北京の天安門広場に面する中国歴史博物館にあるのですが、横幅一・五メートル、縦一メートルぐらいのちょっとした小山に、亀の甲羅がぎっしりと集まっています。それを見ますと、「丁寧に」というイメージではないんですが、甲骨は明らかに一箇所に集中して保管されたということがわかります。

占いをして、文章を記録した亀の甲羅はそのまま廃棄されるのではなく、地下の穴蔵に収蔵されていたようです。そして、その結果が起こってから、それを記録しています。そのもっとも端的な例として、「占いの一七九日後に王の判断が実現する例」というのを今日はご紹介します。甲骨文字は縦書きが原則ですが、右の行から進んでいくか、左の行から進んでいくかはケース・バイ・ケースで、ここでとりあげたものは左の行から右の行へ進んでいく書き方をしています。

この甲骨の文章を簡単に説明しますと、まず、「蠠《こん》という人物に何か災いが起こるか、病気があるか」（「又」は「ある」の意）、というお尋ねをします。「旬又二日、未《ひつじ》の日にまことに災いあり」。「旬」は「十日間」の意で、その尋ねられた人物は、「旬又二日」すな

□卜貞、蠠禍、又疾、旬又二日□未、蠠允禍、百日又七旬又九、蠠亦又疾

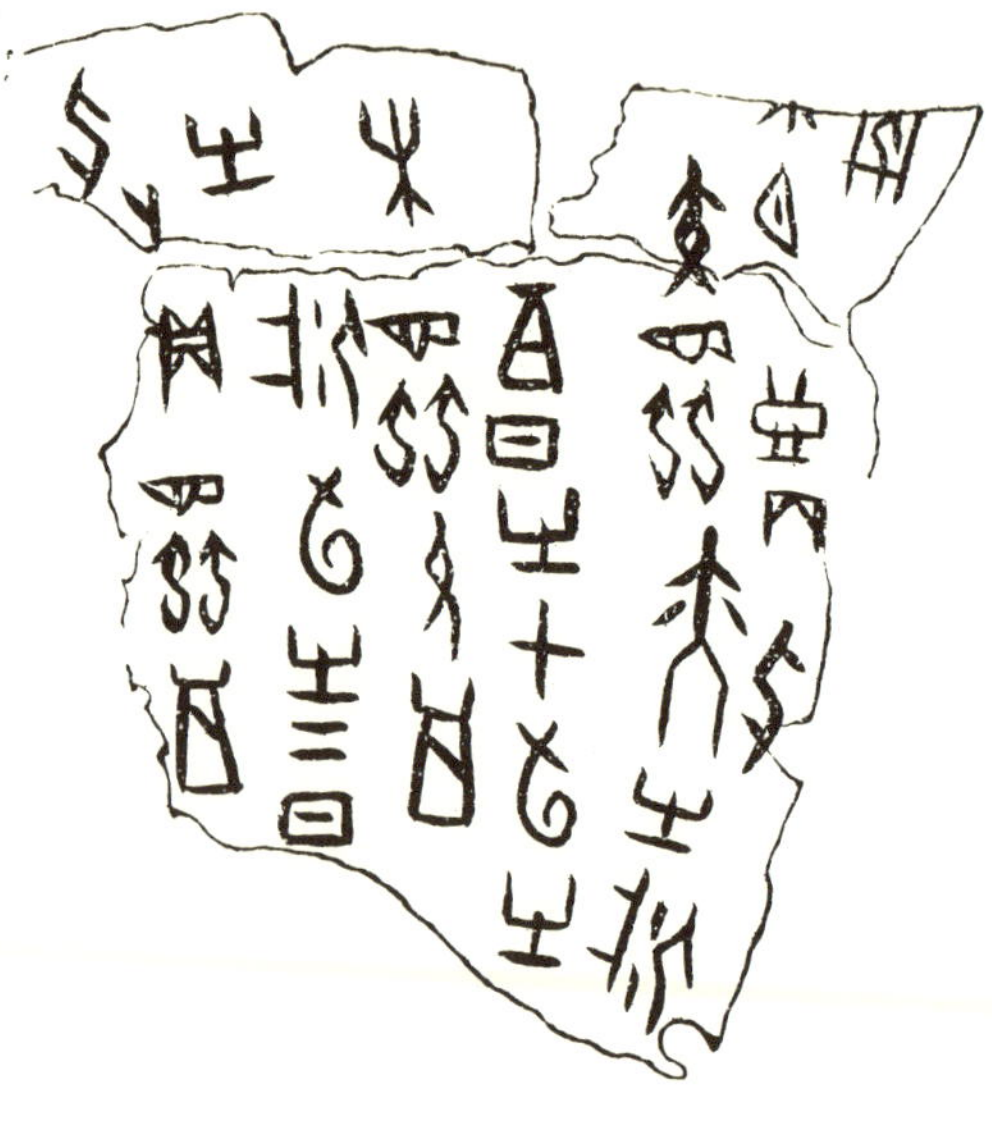

▶占いの一七九日後に王の判断が実現する例。（『鐵雲藏亀』より）

*1 『安陽発掘』（国分直一訳、新日本教育図書、一九八二年）

わち十二日後に病気になるわけです。そこから後、「百日又七旬又九」、一旬は十日間ですから、「百日」＋「七十日」＋「九日」、つまり、一七九日後に「蜫《こん》」という人物がまた病気になったと書いてあります。

一七九日というと、なんと半年です。例えば私が殷《いん》の時代の占い師であるとしまして、「平川南さんは病気になるか」ということを四月十八日の今日、占ったとします。そして「病気になる」というお告げを得た。平川先生は見かけは蒲柳《ほりゅう》の質というか、きゃしゃなようにお見受けしますが、実はかなりしぶとい方で、なかなか病気にならない（笑）。この段階の甲骨にはひびがあるだけで、文字は刻まれていません。私は病気になるまでずっと待たなければならないわけです。一七九日というと六カ月ですから、十月の中旬ぐらいに平川さんが風邪を引いた。お、やれやれ、平川さんが病気になった。というわけで、この甲骨を取り出してきて、そこに「一七九日後、平川南は病気になった」という文字を刻むということなのですね。その間、この甲骨は文字を刻まれないまま保管庫に入っていたはずです。そしてめでたく（？）その人物が病気になったときに、「やはり王様の判断は当たった」ということを証明するために文章を書いて、そして再び穴蔵のような倉庫にこの骨を収納するわけです。

▼甲骨の占い：占いの結果を記すだけでなく、むしろ占いの正しさを立証し、保存しておくことが大切だったと考えられる。

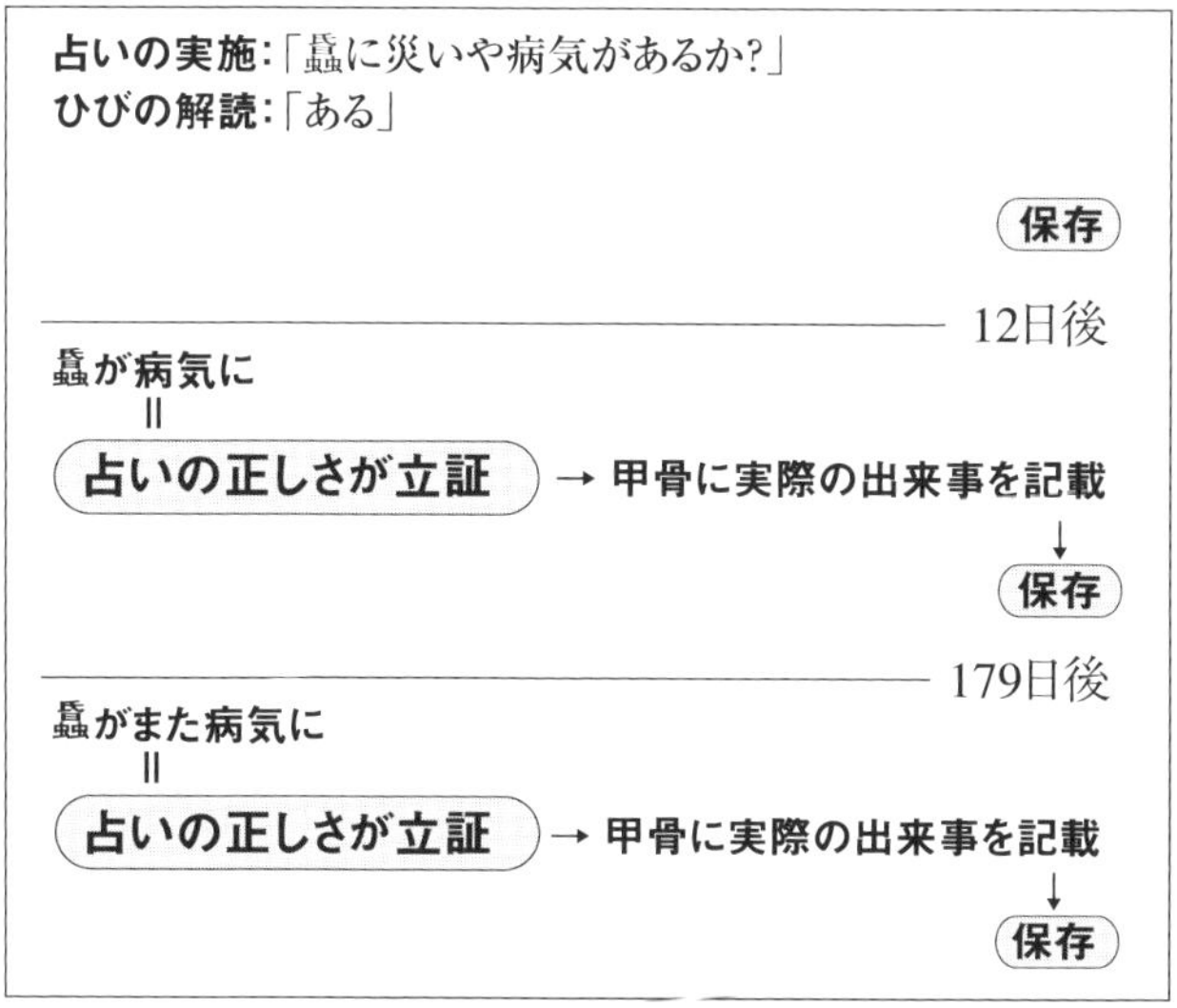

占いの実施：「蜫に災いや病気があるか？」
ひびの解読：「ある」
保存
12日後
蜫が病気に
＝
占いの正しさが立証
→ 甲骨に実際の出来事を記載
保存
179日後
蜫がまた病気に
＝
占いの正しさが立証
→ 甲骨に実際の出来事を記載
保存

◆甲骨の読者は神

つまり、今の私たちはだれかに読んでもらうために文字を書くわけですが、この時代の文字は、生きた人間を読者として想定して書かれるものではなかった。書くこと自体に意味があった。つまり、文字を書くという行為そのものが、王様の判断が正しかったことを証明する手段であって、それを一般の国民に読ませるというものではなかったわけです。あえていえば、その文字の読者は神様であったということになります。つまり文字は、人間社会を統治する王と、宇宙を支配する絶対神である帝との間を橋渡しするための道具であったと考えられます。

◆見えないところに記された青銅器の金文

同じ時代に、青銅器[*1]に記録された金文があります。例に挙げたのは周[*2]の時代につくられた酒壺で、非常に見事な金属工芸品ですが、把手と蓋があり、祭りに使う酒を入れるワインジャーです。蓋の部分をひっくり返すと、蓋の裏側に図のような文章が記されています。図版は拓本ですから白抜きの文字になっています。このような青銅器はこれまでに数万点発見されており、日本にもたくさんコレクションされておりますが、文章は原則的には容器の内側に記録されるのが普通です。容器の内側に記録するには、とくに口のすぼまった容器などでは、鏨《たがね》などでコンコンと刻みこむという方法が使えません。実はこれらの文章は、銅器を鋳造するときに文章も一緒に鋳造したものです。青銅器を鋳造する際に、鋳型の内側に文章を刻みこめば、できあがりの青銅器の内側に文章を記録することが可能です。

＊1　青銅（銅と錫の合金、いわゆるブロンズ）で作られた器で、中国では紀元前一〇〇〇年頃の殷・周代に大型のものが多数作られ（青銅器時代）、祖先を祀る宗廟に供えられた。

＊2　殷に続く中国古代王朝（前十一世紀～前二五六年）。西安市の西南付近や洛邑（河南省洛陽市）を都とした。『史記』周本紀のほか、当時多く作られた青銅器の銘文に史料が残る。

（次頁注）

＊3　前七七〇年の周の東遷から前四〇三年の晋の分裂までをさす。

青銅器のうちの九割以上は銅器の内側に文章が記録されているので、外から文章が見えないということがよくあります。実際博物館なんかで青銅器をごらんになりますと、内側に記された文字が拓本で展示されていることがしばしばありますが、あれは見えないところに文字があるから拓本で展示しているわけです。これは推測なんですが、口の小さい瓶や壺であれば、恐らく今まで発見されていない銘文だってきっとあるんじゃないかと思います。

だれかに文章を読んでもらうために文章を書くのであれば、何もそんな見えにくいところに書く必要はありません。青銅器もお祭りに使う道具ですから、そこに書かれた文章は祀られるご先祖様に対する報告であったはずで、ここにおいても文字の読者は生きた人間ではなくて、むしろ神様あるいは祖先の霊魂が想定されているのではないかと考えられます。

◆神の文字から人の文字へ

殷や周など宗教的要素が濃かった時代では、生きた人間のために文字を書くのではなくて、神様、あるいは祖先の霊魂に読んでいただくために文章を書く。ところがやがて時代が進んで世の中の宗教性が希薄になると、社会の構造が変わっていきます。中国でそれが変わり始めるのは春秋時代[*3]ですが、春秋時代になると明らかに人間に読ませるための文字が出現して

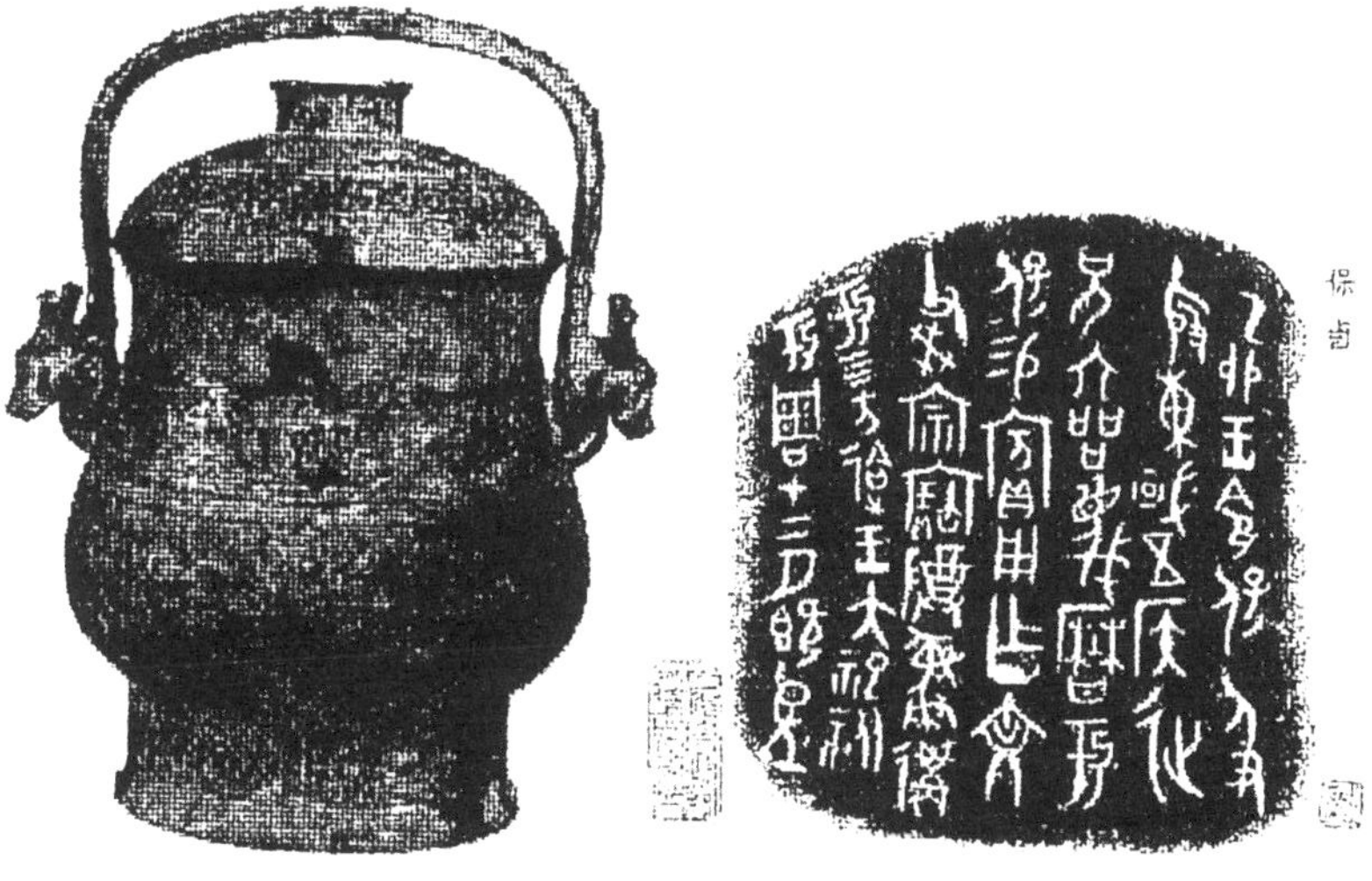

◀周代の青銅器（保卣［ほゆう］）と蓋の裏側の銘文。

きます。

次に紹介するのは「欒書缶《らんしょふ》」と呼ばれる青銅器です。最後の「缶」という字は「ほとぎ」という壺のことで、この字を缶詰の「かん」という意味で使うのは日本だけです。「欒書《らんしょ》」というのは人の名前で、すなわちこれは、欒書という人物がつくった酒壺なのです。図版を見ますと、銅器の正面中央に五行にわたって文章が記録されているのがおわかりいただけるだろうと思います。この壺は外側は真っ黒で、そこに純金をたたきこんだ象嵌《ぞうがん》の方法で文章が記録されています。文章の内容は、この壺をつくった欒書という人物の家柄を讃《たた》えて、「その家柄の伝統をおまえたち子孫はしっかり守っていけよ」という、きわめてありふれたものです。

しかし重要なのは、その文章を外側の大変よく目立つところに、しかも純金を象嵌するという形で記録していることです。明らかに、だれかにその文字を読ませようという意識が背景にあると考えられます。

▶欒書缶。（中国歴史博物館蔵／文物出版社提供）

◆政治行政の道具として——不特定多数に向けた文字

時代が進んでいくと、このように文字の世界に変化が起こります。一つは今申し上げたように、文字の宗教的な背景がだんだん薄くなっていくということ。もう一つは、国内の政治行政体制が整備されていくにつれて、政治行政の道具として文字が使われてくるということです。この辺からは、漢字を日本の古代の状況と関連づけて考えることができるのではないかと私は考えています。そういう国家機構の整備、宗教性の希薄さということが相まって、やがて文字は生きた人間を相手に書かれるようになっていきます。

さて、五百年ぶりに戦乱状態を統一して、秦の始皇帝*1が全国ただ一人の皇帝になり、中央集権体制の官僚制国家を作って、さまざまな行政改革を行います。そのうちのひとつに度量衡《どりょうこう》の統一があります。よく知られた話ですが、戦国時代では広い中国のあちらこちらでさまざまな度量衡、すなわち長さや容積や重さの単位が使われていました。わかりやすく日本でたとえていえば、一尺という同じ単位を使っても、例えば四国の一尺は二十二センチだが、関西の一尺は二十五センチで、東北の一尺は二十九センチであるというような状況でした。戦国時代はそれでよかったのですが、万里の長城とか、壮大な阿房宮《あぼうきゅう》とか、大規模な土木工事を行うためには、資材を全国から調達しなければなりません。そのときに度量衡が違うと大きな混乱がおこります。それぞれの地域から三尺の布を中央に持ってこいというときに、四国から来る布と、関西から来る布と、東北から来る布の長さが違うということがおきるわけです。それでは統一国家として機能しませんので、「今後この長さを一尺とする」「この重さを一キログラムとする」「この容積を一升とする」というふうに、規準となる定規や分銅や量《ます》を作って配る。現代の日本にも「メートル原器《げんき》」「キログラム原器」というものがあり、かつてはそれで度量衡基準を作っていました。同様に、始皇帝の国家もそういうものをたくさん作って全国の役所に配布しました。

図版に挙げたのは、二十斤という重さをあらわす分銅です。これは銅または鉄を原料と

*1 周に続く王朝で、中国最初の統一王朝（前二二一〜前二〇七）。

して鋳物で作ります。外面に文章が刻まれていて、合計四十文字あります。文章の内容は、秦の始皇帝が全国を統一してすばらしい業績を成し遂げたことを褒めたたえる、いってみれば自画自賛の文章でありますが、それを鋳造時に分銅の外側に記録しています。これは全国の役所に配布したものですから非常にたくさん製作されたようで、日本でもあちらこちらのコレクションで見ることができます。

同じように、下の図は土器でつくった量《ます》です。例えばこの量《ます》に入る量を一升と決める。その量《ます》の外側にも先ほどの分銅と同じ文章がやはり四十文字で記録されています。図版の下に帯状になっているものは、量《ます》の周囲に刻まれた文章の拓本です。この拓本をじっと見ていただきますと、四文字ずつブロックに分けられていることにお気づきになると思います。要するに、ハンコを押しているわけです。四十文字の文章ですから、最初から四文字ごとにハンコをつくって、そのハンコを土器がまだやわらかいうちに順番にぺこっぺこっと周囲に押していけば、十種類のハンコを順番に押すことで四十字の文章が記録できます。つまり、同一の文章を機械的に大量に複製している、ということです。

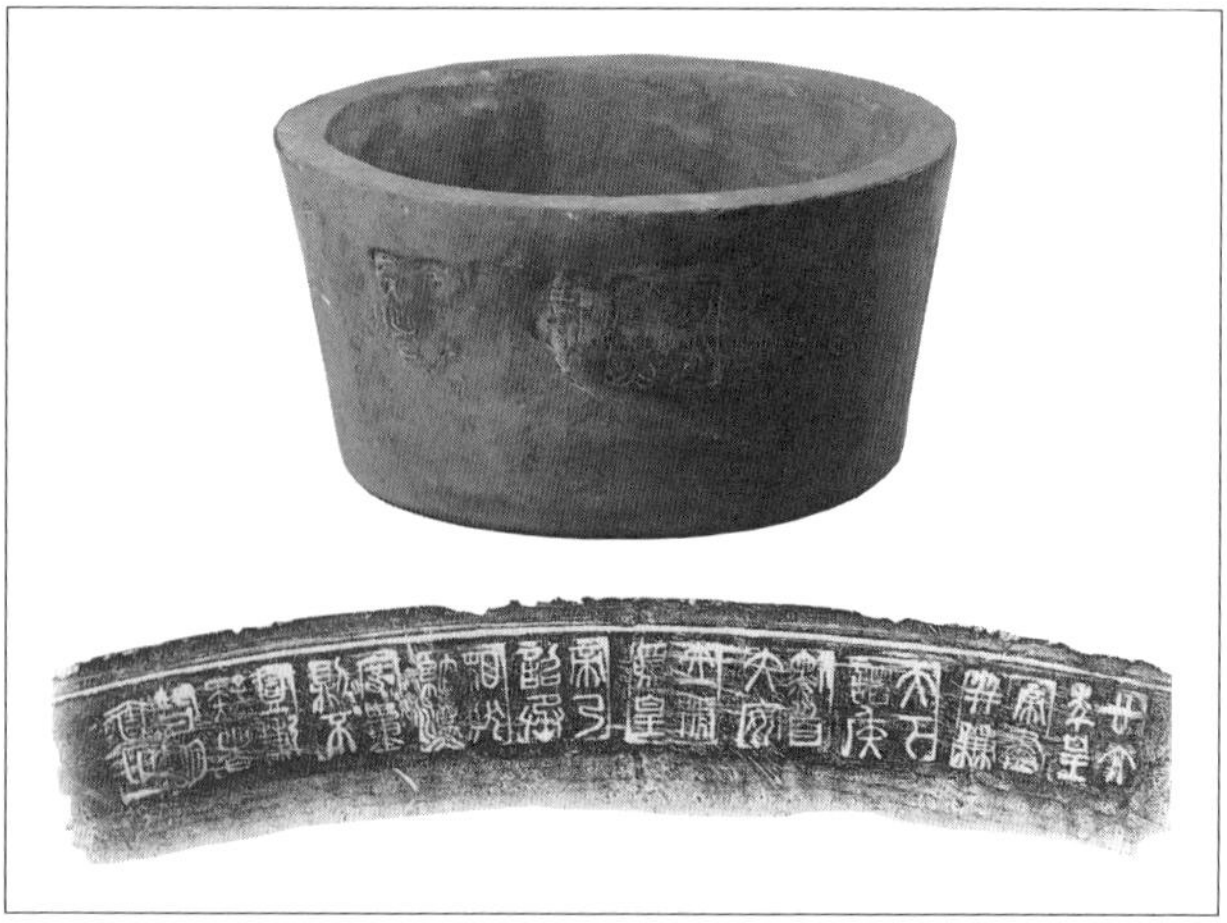

▶上：度量衡標準器のうちの重量を示す「権」（分銅）。二〇斤の重さを示す。右は周囲に鋳込まれた銘文の拓本。（中国歴史博物館蔵／文物出版社提供）
下：度量衡標準器のうちの容積を示す「量」（升）と、銘文の拓本。周囲の銘文は四文字一組のスタンプを一〇個使って記している。（朝日新聞社提供）

印刷という言葉をここで使っていいかどうかは大変難しい問題で、印刷というメディアの定義にもかかわるので、あえてこれが印刷であるとは申しません。しかし、もし印刷というものを非常に広くとらえ、「機械的に同一の文章を大量に複製する」のが印刷であると考えれば、これは印刷された文章と考えることもできるのではないかと思います。

いずれにしても、例えばこの量《ます》の外側に文字を記録しているのは「書く」ということではない。人間が手書きで書くのではなくて、機械的にその文章を複製している。現在の私たちが、例えば私が、どなたがお読みくださるかはわかりませんが、不特定多数の方を相手に著述活動をおこなうのと同じように、この段階において、特定の人間をターゲットにするのではなく、不特定多数の人間を相手に文字を機械的に記録するという行為が発生しています。この変化をもたらしたのは、恐らく行政機構の整備が大きく関係していると私は考えています。

＊＊＊

時間の関係もあり、今回は「古代日本の文字」というテーマですので、日本ではなく中国において、読者が神様であった時代から、文字がやがて人間社会におりてきて、さらには不特定多数相手に文章が記録されるという道筋を駆け足でたどってまいりました。文字を書いたモチベーション、つまり、だれが、何のために、だれに対して発信しているメッセージかということも、日本における文字文化の黎明期を考えるときには必要な視点ではないかということを、中国屋の側から提言させていただこうと思います。御静聴ありがとうございました。（拍手）

COLUMN

漢字の好き嫌い

阿辻哲次

大学で担当している講義の冒頭で、私はいつも、他の文字体系と比較して、漢字だけに存在する特徴を学生諸君に答えさせる。いきなり「漢字の特徴を述べよ」と問いかけられて学生たちはとまどうが、それでもしばらくすれば、「使われている時間が最長である」とか、「成立以来ずっと表意文字として使われている」とか、「縦書きも横書きも可能である」という答えが返ってくる。

以上はいずれも正解である。だがそんな容易に気づかれる点のほかに、さらに「漢字には人によって好き嫌いがある」と話すと、学生諸君はキョトンとした顔をする。だが漢字には人によって極端な好き嫌いがあるという事実は、身の回りを見回せばだれしもすぐ納得できるにちがいない。

漢字が好きだろうが嫌いだろうがまったく個人の自由なのだが、しかし漢字以外の文字が好き嫌いの対象となるとはまず考えられない。ローマ字が大好きだとか、AやBなどを見るのがいやでたまらない、というアメリカ人がいるだろうか。また漢字には好き嫌いをいう日本人も、ひらがなやカタカナについて好き嫌いをいうことはめったにない。

つまり好き嫌いの対象になるということが漢字の特徴の一つなのだが、それはいったいなぜなのだろう。私はそれが、実は漢字が非常に便利な文字体系であることの裏返しなのではないか、と考える。

それほど不自由することなく漢字を使いこなすためには、だれだって多くの努力をしなければならない。小学校以来国語の授業で苦しめられる「書き取り」の試験は、まさにそのためにある。

しかし漢字をある程度マスターしてしまえば、こんなに便利な文字はないと感じるはずだ。「きしゃしてくれたきしゃのきしゃが、きしゃできしゃされます」と「喜捨してくれた貴社の記者が、汽車で帰社されます」の二文を比べてみれば、あとは多言を要しない。

＊

マスターするまではちょっと苦労させられるが、しかしいったんそれを使いこなせるようになると、もう二度と手放したくないほど便利に感じるもの、といえば、自動車とコンピューターにもその条件があてはまる。そしてこの二つも、漢字と同じように好き嫌いの対象となる。

車好きは、車こそ最高の文明の利器であると信じて疑わない。車が運転できれば雨の日や夜の外出も平気だし、重い荷物を手で持ち運ぶ苦労もない。なるほど車は便利だ。しかし車をちゃんと運転できるようになるまでにはしかるべき訓練が必要だ。自動車教習所に通っていたころは、S字カーブや坂道発進に苦労し、自分はこんなことすらできないのかと、情けない思いをしたことはなかっただろうか。私の知人はこの段階で挫折して教習所をやめ、それから車が大嫌いになったという。彼にいわせれば、車こそ現代社会の諸悪の根源ということになる。

コンピューターは車とちがい、人命にかかわることがまずないから、「人に優しい機械」といえる。コンピューターが普及したおかげで、業務の処理能力が格段に向上した。列車や飛行機の席はいつでもどこでも予約できるし、バーコードのおかげでレジでの支払いもずいぶん早くなった。銀行でお金を引き出すのに、かつては通帳と印鑑が必要だったことを、今の子供たちは知らない。

しかしコンピューターになじめない、あるいはそんな機械とはできるだけ無縁でいたいと考える人もたくさんいる。無機質なコンピューターによる業務処理には、人間がもつフレンドリーな温かさが感じられないとの印象は、今の日本においても根強く存在する。

それに、そもそもコンピューターは操作が難しい。最近のパソコンはずいぶん使いやすくなったが、それでも使いこなすまではいささか苦労させられる。家電製品なのに、電源とアンテナをつなげばすぐに番組を見られるテレビのようにはいかない。ソフトがなければただの箱だし、それで文章を書いたり、ホームページの閲覧ができるようになるまでは難解なマニュアルと首っ引きだ。こんなやっかいな機械なんかまっぴらだ、と立腹した御仁を私は何人も知っている。

＊

車とコンピューターは、上手に使いこなせばこんなに便利なものはない。しかしそれをマスターするまで、道はそんなに平坦ではない。ここに好き嫌いが発生する場がある。漢字に好き嫌いがあるのも、それとまったく同じことだと私は思う。

日本には固有の文字がなく、古代の日本人が非常に早い時代に漢字を中国から受容したのは、日本がおかれた地理的環境に起因する、いわば必然であった。だがすぐ近くにあった漢字が、表意文字であるためにきわめて多数の字種を必要とし、それぞれの字形も複雑で、さらに語彙の中に同音異義語が大量に存在するなど、一筋縄では使いこなせないシステムを備えた文字であったことは、われらのご先祖さまにとってまことに不運であったといえるだろう。

しかしご先祖さまは幸いなことに努力家だった。ずいぶん苦労されたにちがいないが、日本人はいつのまにか漢字を覚えて、漢字で書かれた中国の文献を読解し、さらにはもともと外国語を表記するための文字であった漢字を自家薬籠中のものとして二種類の仮名文字まで作りだし、それをまじえて文章を書く方法を開発してきた。

　文化の黎明期から現在にいたるまで、日本が世界に誇りうる高度な文化を展開してきた原動力は、ほかでもなく漢字であったといっても決して過言ではない。

　血のにじむような努力をしてこられたご先祖さまの中には、きっと漢字の好きな人が多かったにちがいない。もし漢字嫌いの人が大勢をしめていたら、私たちはいまごろローマ字かカタカナだけで日本語を書いていたことだろう。

2

古代朝鮮の文字文化

見えてきた文字の架け橋

李　成市

本日、私に与えられたテーマは、古代朝鮮の文字文化についてです。日本列島と同じように朝鮮半島でも中国の漢字文化を受容したわけですが、朝鮮半島ではいつごろ、どのように受容したのか、それはどのようなものであったのかということが主題になるかと思います。しかし、先ほど平川さんもおっしゃったように、とりわけ日本列島の漢字文化の受容を考える際に、朝鮮半島との関係は無視できないという点に本日は力点を置いてお話ししたいと思います。

一般に漠然とですが、日本列島の漢字文化は中国からもたらされたのではないかと考えられております。しかしながら、近年、朝鮮半島、とりわけ韓国の各地で、石碑の発見や木簡の出土が相次いでおり、それらによって日本列島の漢字文化の受容経路として朝鮮半島を無視しえないことが指摘されています。古代朝鮮の文献資料は、中国・日本と比べると極めて少ないのですが、その欠を補うかのように一九七〇年代から出土文字資料がふえております。これによって、従来は知りえなかった古代朝鮮の文字文化について具体的な姿がわかるようになってきました。それと同時に、日本の文字文化との類似性、あるいは共通性が判明し、古代朝鮮が日本の文字文化に与えた影響関係についても解明の糸口がとらえられつつあります。

中国からの渡来人と漢字

◆朝鮮半島での漢字の始まり

一体いつごろ中国大陸から朝鮮半島に漢字が受容されたのかという問題については、かなり古くにさかのぼると推測されます。紀元前一〇八年、漢の武帝[*1]は朝鮮半島に楽浪《らくろう》郡・玄菟《げんと》郡・臨屯《りんとん》郡・真番《しんばん》郡の四郡を設置しました。私は、それ以来、朝鮮半島と中国王朝との通交関係が緊密になり、中国文化が本格的に流入し始め、このことによってそれまでにない漢字文化の流入が進んだと考えております。それ以前にまったく漢字文化を受容していなかったというのではなく、それまでとは格段と違った接し方をするようになったということです。

例えば、楽浪郡のもとには二十五の県があったのですが、現在までに二十三県の名を刻んだ封泥《ふうでい》が出土しております。木材に書かれた文書を封緘《ふうかん》するためのひも、これがすなわ

＊1　紀元前一五六～前八七。前漢の七代目の皇帝。内政では中央集権体制を確立、外政では匈奴の勢力を漠北から駆逐する一方、東方では衛氏朝鮮を滅ぼし、朝鮮半島に楽浪郡ほか四郡を置き、南方では南越を平定して南海郡を置くなど積極的な対外政策をとった。

ち「緘」ですが、これに粘土を貼り付け、この粘土に印章を押しつけます。開封するときにはこの印章を押しつけた粘土を取り除くわけですが、それが封泥です。この封泥が官印や硯などとともに多数出土しております。これによって、朝鮮半島の四郡が設置された地域では、郡県間において相互に文書行政が行われていたことがわかります。朝鮮半島各地の在地の首長たちは、郡県との交渉を通じて文字文化に接していった、文字の世界に巻き込まれていったと考えられます。

『後漢書』[*1]にはそれを裏づけるように、「西暦四四年に韓という国の廉斯《れんし》国の首長が朝貢して、後漢から漢廉斯邑君《かんれんしゆうくん》に封ぜられた」とあり、朝鮮半島南部の韓族による楽浪郡への接近を伝えています。廉斯国の所在した韓族の地は古来、日本列島と濃密な交流をしており、この韓の地域からのちの日本とも関わりの深い加耶《かや》[*2]の国々が出てくるわけです。

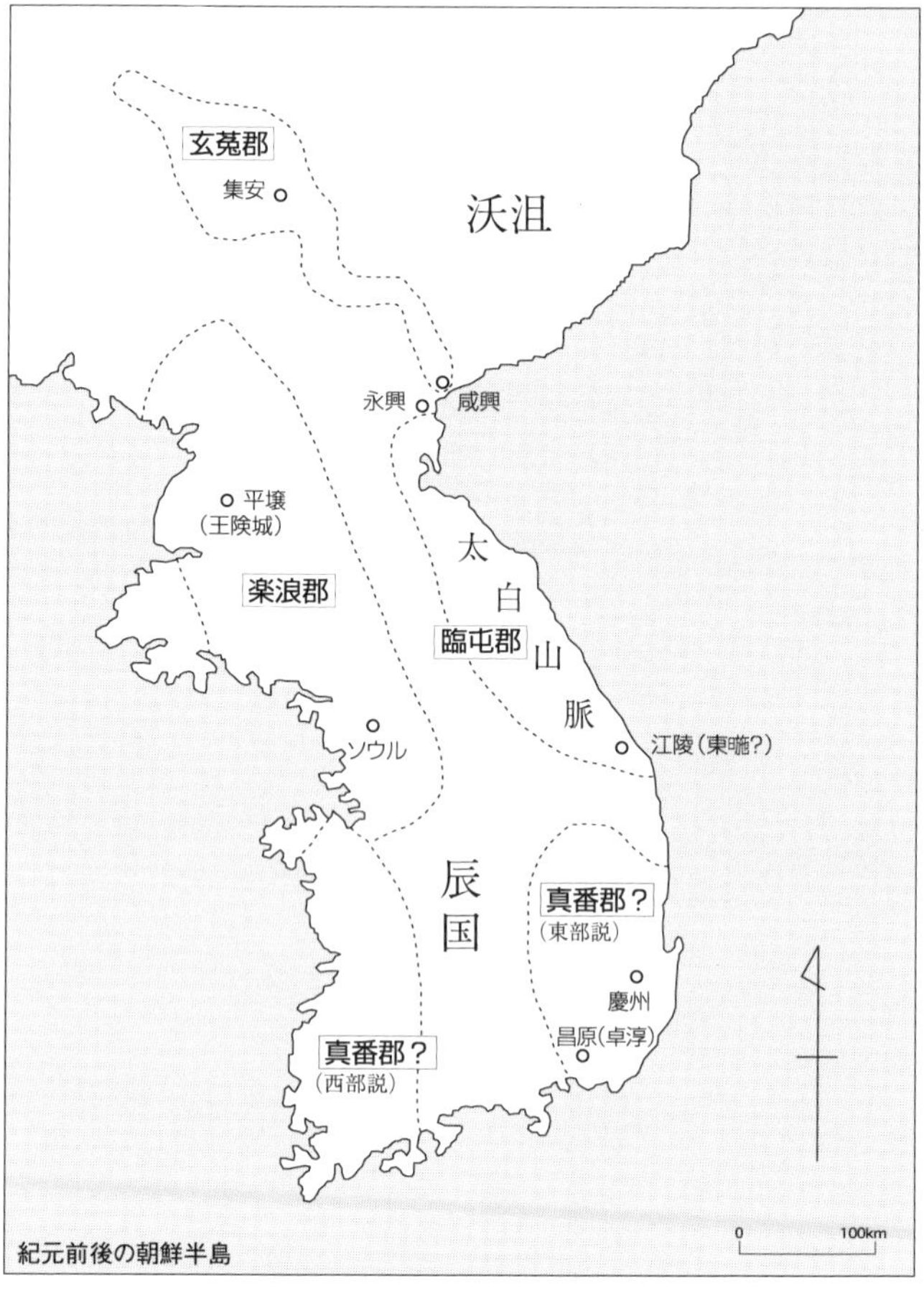

紀元前後の朝鮮半島

*1 後漢（二五〜二二〇）について記した中国正史。計一二〇巻。六世紀前期に現在の形に成立。

この加耶の国々の中でも、古代日本と百済との橋渡しをした国のひとつに、卓淳国《たくじゅんこく》という国があります。卓淳国があったと推定される現在の昌原《しょうげん》という地域の近郊に茶戸里《タホリ》遺跡があります。ここから、一九八八年におびただしい遺物とともに五点の筆が出土しました。この筆は特異な筆で、両端に筆の毛がついておりました。昔、鉛筆の両端を削ることを「貧乏削り」といいましたが、ちょうどそんな格好です。さらに、この筆が出土した古墳からは漆塗りの鞘《さや》に入った鉄製の環頭刀子《かんとうとうす》が出土しております。これを用いて、木簡の誤って書いた部分を削り、木簡を再生していたことが推測されます。この遺跡は紀元前一世紀に比定されておりますが、日本列島との交流の要衝にあったこの地方には、このころ既に、筆や小刀を使用しながら文字文化に接していた者が実在したことになります。

◆初期の文字文化を担ったのは中国系の人々

しかしながら、重要なのは、このような漢王朝による朝鮮半島への進出がそのままこの地域に文字文化の定着をもたらしたわけではないことです。

楽浪郡やその後に設置された帯方郡*3が西暦三一三年に滅亡すると、朝鮮半島では高句麗《こうくり》・百済《くだら》・新羅《しらぎ》・加耶といった諸国の活動が活発となります。これらの諸国は互いに競いながら古代国家を形成しますが、この過程で、楽浪郡・帯方郡に滞留していた中国系の人々、あるいは当時混乱期を迎えていた中国から

*2　加羅、加倻とも記す。朝鮮半島東南部、洛東江流域の小国を総称していう。日本では任那「みまな」と呼ぶこともあり、『日本書紀』欽明紀には任那日本府が置かれたとある。六世紀中葉、新羅により滅ぼされた。

*3　後漢末に遼東地方の豪族・公孫氏によって楽浪郡から分けて設置された。日本では卑弥呼が朝貢した郡として知られる。三一三年に楽浪郡が高句麗に滅ぼされ、次いで帯方郡も韓族・濊(穢)[わい]族によって滅ぼされた。

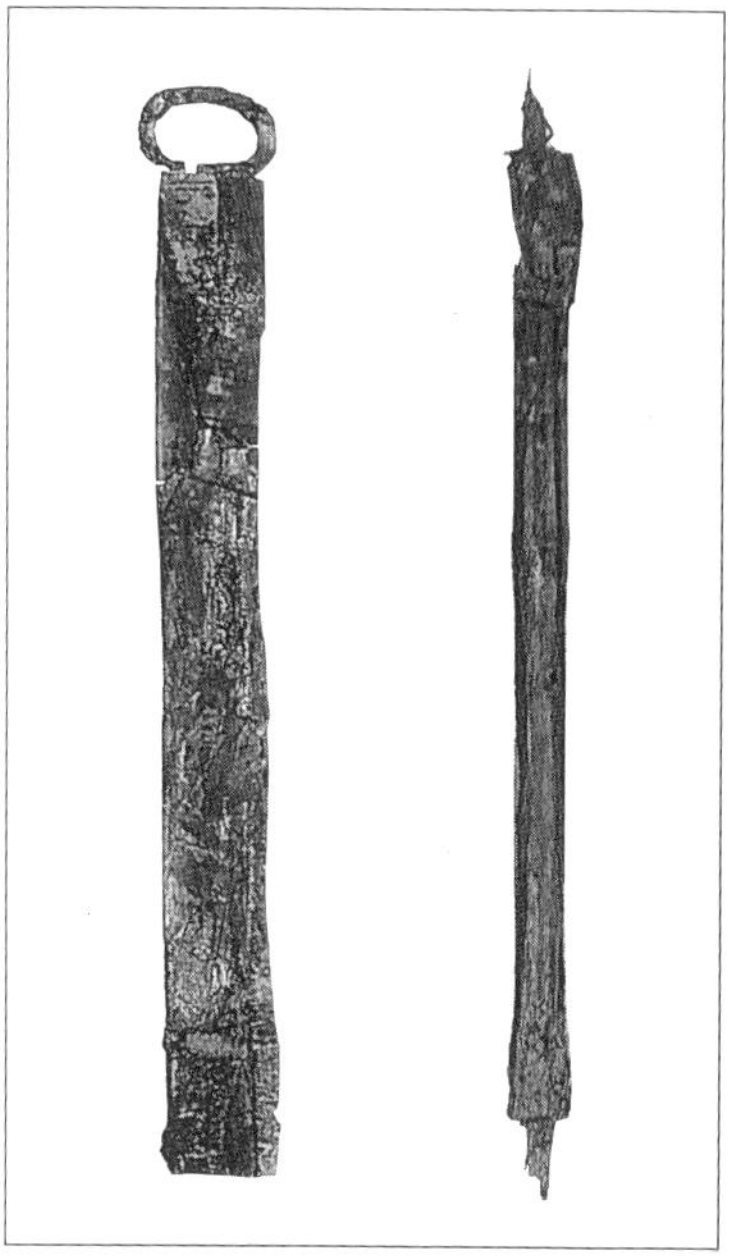

◀茶戸里遺跡から出土した紀元前一世紀の筆記用具。右は筆、左は漆鞘に納められた鉄製環頭刀子。(韓国・国立中央博物館蔵)

逃れてやってきた人々が、朝鮮半島の文字文化の担い手として活躍したと見られます。とりわけ中国王朝との外交には、これらの渡来系の人々を必要としたと推測されます。

例えば、一九四九年に平壌《ピョンヤン》の南で発見された安岳《あんがく》三号墳からは、中国の前燕《ぜんえん》*1という国から三三六年に高句麗に亡命した、冬寿という人の墓誌が見つかりました。この墓誌から、冬寿は六十九歳でこの世を去り、当時の高句麗王である故国原王《ここくげんおう》の臣下として仕えていたことがわかりました。また平壌の西の郊外で発見された徳興里《とくこうり》古墳では、中国の河北省出身の漢人の某鎮（姓は欠けていて不明）という人が、高句麗の官位をおびて高句麗の王に仕え、四〇八年に死去したことが墓誌に記されていました。このような中国系の人々が、高句麗の文字文化に大きな影響を持っていたと推測されます。

*1　東晋時代（四世紀ごろ）、蒙古系の鮮卑族が立てた国。

高句麗の金石文

◆高句麗人の文字文化――三つの碑文

①広開土王碑　高句麗における高句麗人自身による文字文化の一端を伝えてくれるのは、四一四年に建立された広開土王《こうかいどおう》碑です。日本ではあまりに有名な碑文ですが、もっぱら倭国をめぐる国際関係が議論の中心的位置を占めてきました。外見や文体、書体など、碑文そのものに関してはその隷書体《れいしょたい》*2の雄渾な字形をめぐる議論を除き、高句麗社会の文字文化の観点からこの碑が論じられることはこれまでほとんどありませんでした。一七七五文字からなるこの碑文はその内容が整然と構成されており、漢文として解読することにまった

*2　秦の通行文字とされた小篆［しょうてん］を書きやすく直線的にした書体で、今の楷書［かいしょ］に近い。

く支障はありません。むしろ純然たる漢文に近いといえます。

しかし、その後に作られた高句麗や新羅の碑石の多くは漢文体ではないのです。その点で、この広開土王碑は軽視することができません。つまり、広開土王碑が占める特殊な位置については別途に検討すべき課題であると思っています。

先ほど阿辻さんが、「文字はだれのために、どのような内容を、どこに、どのように書いたのかが重要だ」とおっしゃいました。広開土王碑の碑文を考えるときにもそのような読者の観点というものが大変重要であろうと私は常々考えてまいりました。

章末（五九頁）に挙げた碑文の第四面末尾の釈文冒頭は、広開土王の遺言の部分です。そこに何が書かれているかといいますと、「これまでの高句麗の先祖代々の王は、王陵の守墓人《しゅぼにん》として高句麗人（旧民）を使ってきたが、これでは高句麗人が疲弊して、国力が衰えてしまう」と心配しているのです。当時は具体的な生産活動に従事させないで守墓だけに専従させるような高句麗人をあちこちの王陵に置いていたわけです。たとえば、中国と北朝鮮の国境の輯安《しゅうあん》という町には、ピラミッドのような大きなお墓が二十ぐらい累々と造られています。そのお墓には、それぞれ数十戸といった単位で守墓人が割りあてられ、子々

◀中国吉林省集安市にある広開土王（好太王、三九一～四一二在位）碑。四一四年建立。高さ六・二メートル、東アジア最大の石碑。高句麗王の始祖の出自と系譜、広開土王の経歴、外征と戦果、王陵の守墓人「烟戸」などについて、四面に一七七五字を記す。日本では第一面の「倭以辛卯年来渡□破百残」について、倭が辛卯年（三九一）に朝鮮半島に進出したことを示す根拠として有名だが、疑問視する見方もある。59頁参照。（李成市提供）

孫々にわたって守墓だけをさせたのです。

こういうことをやっていくと、高句麗全体の国力にとって問題になります。特に、この広開土王という人は大変な人で、守墓人の体制を一万年後まで安泰にさせることを想定して、高句麗人（旧民）を用いずに、「私が自ら巡行して打ち破った韓族[＊1]、穢《わい》族を連れてきて守墓人にしなさい」と遺言しています。

この碑を建てた広開土王の息子の長寿王は、二二〇戸については遺言どおり韓と穢の人々を守墓人としました。しかし、高句麗の法律がわからないと混乱するので、三分の一は高句麗人をまぜ、そして合計三三〇戸をこの守墓人にしたと碑に記されています。この碑にはさらに、守墓人をどこから連れてきたかという彼らの出身地が刻まれております。碑文には、「先祖代々の高句麗王たちは墓のほとりに石碑を建てなかったため、守墓人が錯乱したので広開土王は碑を建てて、守墓人を銘記し守墓人が混乱しないようにした」ともあります。最後から二行目のところです。つまり一万年後まで守墓人を再生産させ、彼らを永久に王陵付近に張り付けることを目的にしたのがこの碑なのです。

最後の一行には、高句麗の法令が書かれています。その法令の内容は、「もし法に違えて守墓人を売るような者は刑す。買った者は守墓人にする」とあります。

このように、広開土王碑は一万年後まで効力をもたせようとして記した、いわば御触書《おふれがき》です。なぜこの碑の文体が整っているのかという先ほどの問いに戻ると、未来永劫にわたってだれが読んでも間違えないように、周到な文章で書いたのだというべきであります。

②中原高句麗碑　広開土王碑はこのようにある意味では特殊な碑石ですから、高句麗にお

＊1　韓族は朝鮮半島中部から南部にかけての地域に居住し、農耕を主たる生業としていた。紀元前後には韓をもって称されるようになる。一方、穢（濊）族は中国東北地方から朝鮮半島南部にかけての山岳地帯や海浜部・河川などの水辺で狩猟・漁労を主たる生業としながら、遠隔交易にも従事していた。その存在は紀元前二世紀から紀元後八世紀に至るまで確認できる。

ける独自の漢字文化の様相は、ここからは見てとれないかもしれません。高句麗独自の文字文化が見てとれるようなものとして一九七八年に忠州で発見された中原《ちゅうげん》高句麗碑があります。この碑は広開土王碑を三分の一に縮少したような形をしています。摩滅が激しくて読めないということもあり、全体の構成など不明な点が多いのですが、文体が一見して正格の漢文でないということがわかります。

文章の構成の中で興味深いのは、「王の命令」を意味する「教」という字が何度も繰り返し出てくるということです。先ほど広開土王碑文について、王の遺言のところを少し詳しくお話ししましたが、その遺言の書き方は、「教」という字を何度も重ねて使っています。「王は生前このようにおっしゃった。教の内容は以上のとおりである。その教に従ってこのように命令を下す……」というような形です。この中原碑もそのような形式になっておりました。

この碑には高句麗王と新羅王との政治関係（「東夷之寐錦」寐錦は新羅の王号、「如兄如弟上下相和守天」兄の如く弟の如く、上下相い和して天を守る）を示す文字がみられ、その立碑地は新羅領に近接したところです。その内容から、書き手は高句麗人であり読み手は新羅人であることや、両者の間でこうした文体が共有されていたことが推定されます。

③城壁石刻　このほかに高句麗の文字文化を知る上で重要な資料として、城壁石刻という資料があります。四二七年に平

◀韓国忠州にある中原高句麗碑。五世紀前半の建立と推定される。高さ約二メートル。摩滅が激しいため判読が難しく、不明点が多い。60頁参照。（李成市提供）

壌地域に遷都した高句麗は、五五二年から五九三年にかけて、現在、北朝鮮の首都の重要な都市機構がある地域に、琵琶のような形のお城をつくります。その城をつくったときに、どこからどこまでだれが担当したかという工事責任者の名前と完成した年月を書いたのがこの城壁石刻です。

◆文字文化のパイプ役となった高句麗

高句麗の文字文化を示す資料のうち、いま三点のみを紹介しました。これらの資料からわかるのは高句麗の文字文化が、その書体・略字・造字・用語・用字法から王命・法令の宣布法に至るまで、隣国の新羅・百済・古代日本の諸国に多大な影響を及ぼしたということです。

①字形　例えば字形では、広開土王碑文の「岡」という字は、漢字の「四」という字を書いて、その下に「止」という字を書くように記されております。また、「開」という字も平仮名の「つ」と書いて、その中に「井」という字を書いてあります。この碑文の文字と全く同じ字形を持った青銅製の壺が、新羅の王都であった慶州の古墳から一九四六年に出土しました。そこには「乙卯年國罡上廣開土地好太王壺杅」という銘文が打ち出されております。これらの文字の形は、広開土王碑に酷似する字形です。

高句麗の広開土王碑にうり二つの字形がなぜ新羅の古墳から出てきたのか。乙卯年というのは広開土王碑建立の翌四一五年にあたります。すると銘文には、王の遺体を陵墓に移した翌年（乙卯）の干支と、広開土王の諡号《しごう》[*1]、そしてこの文字が記されている器の名称

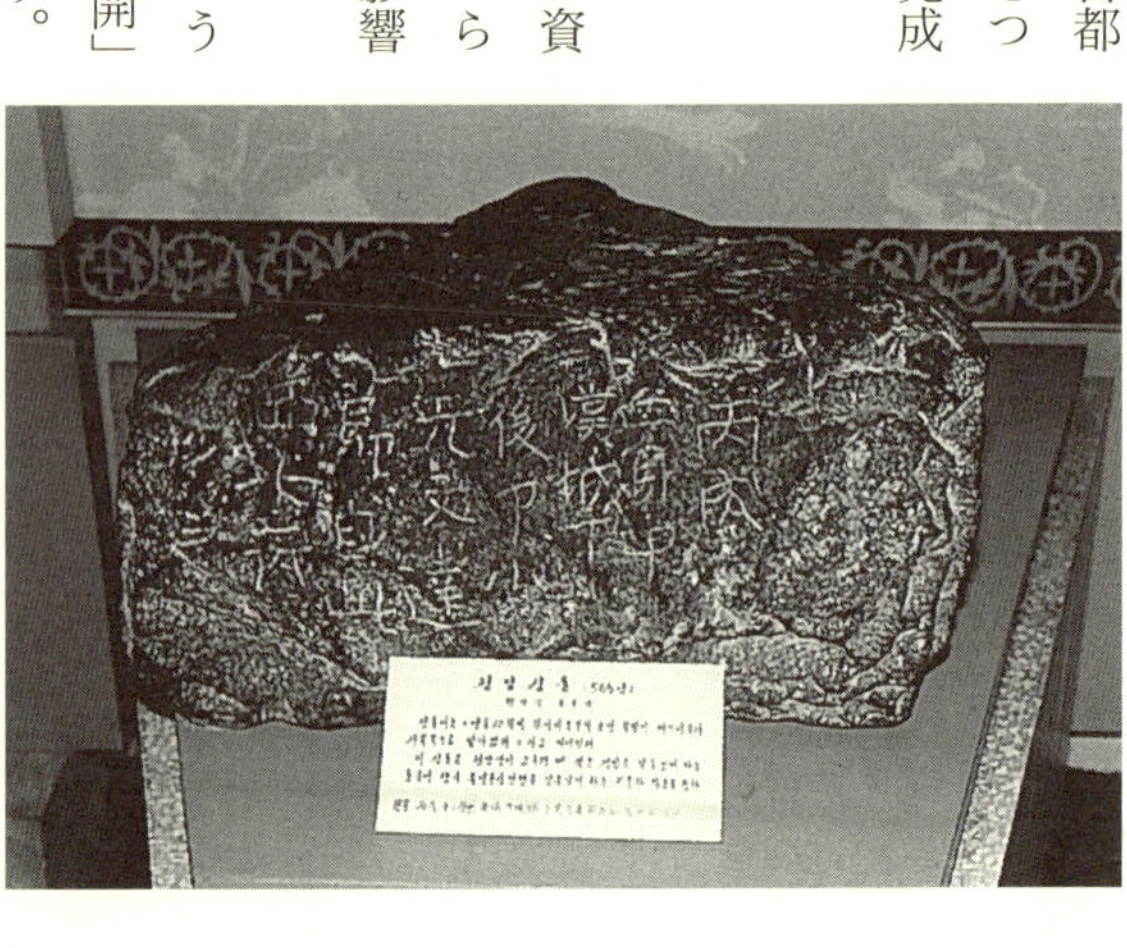

▶城壁石刻。六世紀中頃、王城であった平壌の地で、高句麗は王城の南部に新たな都城造営を開始した（長安城）。その築造の際の監督者名と工事の分担区間が記されている。現在までに五つが確認されている。65頁参照。（田中俊明氏提供）

＊1　死者の生前の徳行や事跡を基に付けられる死後の称号。

（壺杅《こう》）が鋳込まれていたことになります。こうした内容から、この壺杅は広開土王の祭祀儀礼が高句麗の都で行われた際に、恐らくは引き出物のようにして諸国の使者に渡されたのではないかと推定されています。

　これらの文字で注目されるのは先ほど触れた「罡」という字ですが、この字形は中国では現在のところほとんど認められていません。しかし、高句麗では広開土王碑をはじめ現在まで三つの例があり、新羅にも一例、六世紀の資料に認められます。さらに、日本では法隆寺所蔵の銅板造像記、*1威奈大村《いなのおおむら》骨蔵器や*2多胡碑《たごのひ》などに見られるものであります。

▲◀新羅の王都、韓国慶州の路西洞［ノソドン］140号墳から出土した青銅製の壺杅。底面に銘文が鋳出されている。「乙卯年」は公開土王碑建立翌年の415年。（韓国・国立中央博物館蔵）

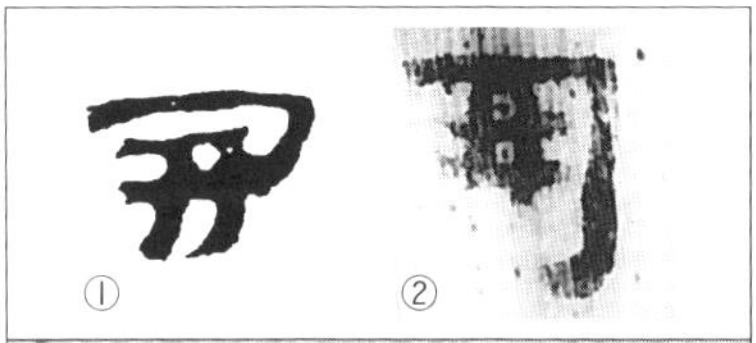

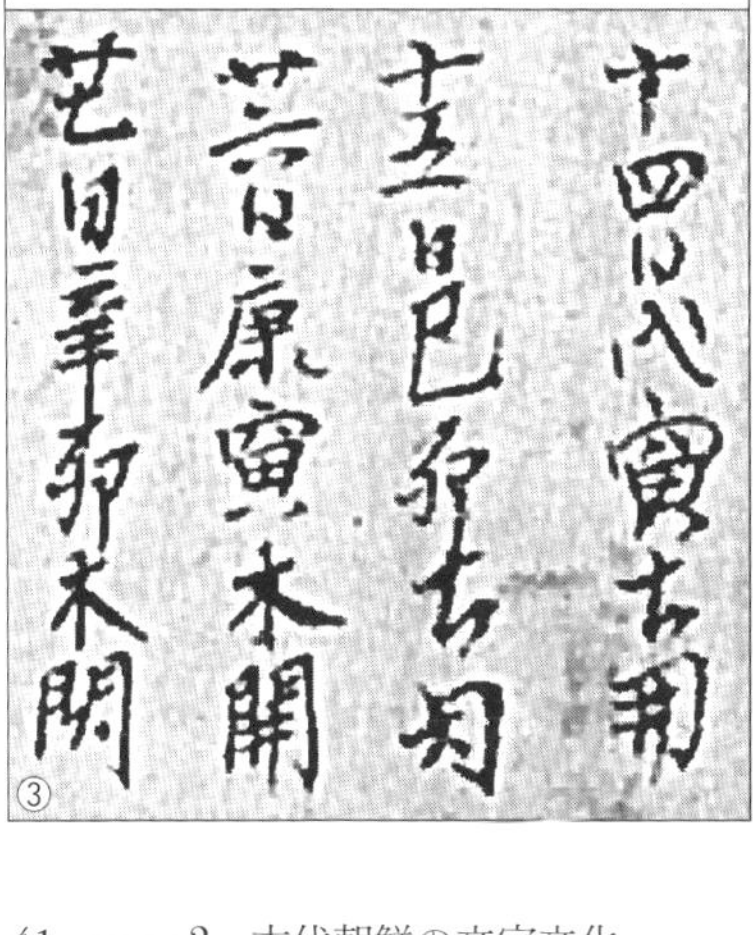

◀日中の資料に見られる「開」の字体。①居延漢簡、②長野県屋代遺跡群出土第七〇号木簡（長野県立歴史館提供）、③正倉院文書天平二一年具注暦（部分）。各行の最終文字が「開」の異体字／複製：国立歴史民俗博物館蔵）

＊1　大阪四天王寺所蔵。七〇七年に没した越後城司・威奈大村の骨蔵器で、蓋の表面に三九一文字の銘文が刻まれている。

＊2　群馬県吉井町池字御門にある石碑。七一一年（和銅四）上野国甘良郡の六郷から計三〇〇戸を分け多胡郡をおいた記念碑で、那須国造碑・多賀城碑とともに日本三古碑とされる。

また、「井」という字については、中国でも類似した文字は居延漢簡《きょえんかんかん》[1]に確認できますが、その用例はあまり多くありません。日本では、長野県の屋代《やしろ》[2]遺跡群の出土木簡や正倉院文書の天平二十一年具注暦《ぐちゅうれき》[3]断簡にも見られます。

ところで、この壺の銘文の上には「井」という字が少し斜めになった形で付されていますが、この符号は韓国出土の土器にも多数見つかっております。これは古代日本にも類例が多く、墨書土器、篦描《へらがき》土器などに頻出する符号です。日本の用例を参照しますと、それは魔よけの符号として用いられているということが既に平川[4]さんの研究で明らかにされております。

②高句麗の造字「椋」　このように、高句麗以外に新羅、百済、加耶、日本列島にまで確認される文字の省略体や符号は、高句麗にその源流を求めることができそうです。高句麗に起源する造字についてももう一つ挙げたいのは、古代日本でクラ（蔵）の意味で用いられた「椋」字であります。中国の『周書』[5]によると、百済では「内椋部」「外椋部」という名前の官司があったといいます。恐らくこれは日本の「内蔵《うちつくら》」[6]「大蔵」に相当する官司だと思います。新羅でも一九八四年に、慶州皇南洞遺跡から、「下椋《したつくら》」「仲椋《なかつくら》」という文字をこれまでになく端正な隷書体で記した八世紀前半頃の木簡が出土しました。また、新羅の王宮に隣接する雁鴨池《アナプチ》という池からも、硯に「椋司《くらのつかさ》」と墨書されたものが発見されております。

さて、漢和辞典でこの「椋」という字を調べてみても「クラ」の意味は出てまいりません。それゆえ長らく日本の国字[7]のように認識されてきました。それが百済や新羅にあった

＊1　一九三〇年、中国内蒙古自治区のエチナ川下流域にある漢代の「のろし台」遺跡で発見された木簡。さらに一九七三年にも調査が行われ、数量は二万簡に達する。
＊2　長野県更埴市。七世紀後半～八世紀初めの木簡が多量に出土した。
＊3　具注暦は季節や月の吉凶などを示す暦注が詳しく書かれた暦。天平二十一年は七四九年にあたる。
＊4　155～156頁参照。
＊5　唐の太宗の命により、唐代につくられた。北周（南北朝時代・五五七～五八一）についての史書。
＊6　ともに律令官制成立以前の財政官司。内蔵は官物・天皇に関係の深い物品を収納したと見られる。大蔵は地方の首長からの貢納物を収納したもので、のちの律令大蔵省につながる。「内蔵」「大蔵」を氏族名とするものは渡来系氏族が多いことも注目される。
＊7　日本国内でつくられた漢字。「畑」「峠」など。

ことが文献や出土文字資料でわかるのですが、その起源は高句麗にあったと多くの人が考えております。かつて狩谷棭斎《かりやえきさい》[＊1]は、この「椋」という字は日本における造字と推定しました。それに対して稲葉岩吉《いなばいわきち》は、「魏志高句麗伝」[＊2]の、「高句麗には大倉庫がなく、小倉（クラ）を名づけて〈桴京〉といっている」という記述に着目して、この「桴京」から「椋」という字が出たのではないかと仮説を提示し、それを跡づけようとしました。[＊3]

残念ながら、稲葉岩吉は「椋」字が高句麗の「桴京」に由来するといいながら、「椋」字が造字される経緯については具体的に何もいっておりませんが、私は以下のように推測しております。桴京の「桴」の字の方は高句麗人たちがクラを意味する言葉の音を写している。一方、「京」の字には漢字自体に「クラ」という意味があります。「桴京」はこのように、音＝「桴」と、訓（意味）＝「京」を合わせた語であるというふうに仮定します。そして、いつしか高句麗人によってこの「桴」という字の「木」扁と下の「京」の字が合わせられて、この「椋」という字になったと考えられます。こうした一字の扁を用いて二字を一つにする造字は、例えば日本の古い文献では、お坊さんが如来という字を「女」扁に「来」と合体させて「婡《ニョライ》」と記している類例があります。[＊4]

ところで、高句麗人がクラのことを何といっていたかということですが、これはまったく私の勘ですけれども、恐らく「ホコラ」とか「フクル」のような音だったのではないか。その「ホコラ」「フクル」の「ホ」「フ」に相当するところを「桴」の字で写し、その意味内容を「京」で示したと考えております。ちなみに日本史研究者によれば、「ホコラ」の語源は「ホクラ」であるといわれておりますが、それは高句麗から来た言葉といえるか

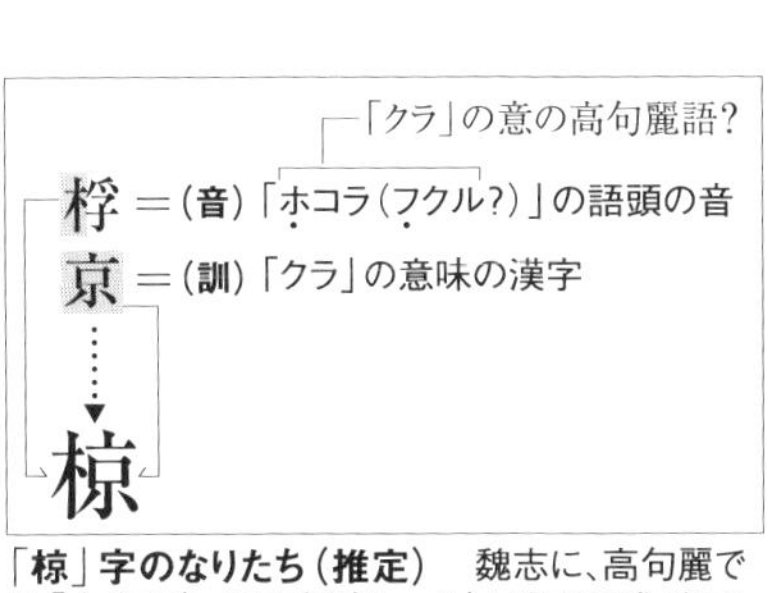

「椋」字のなりたち（推定）　魏志に、高句麗では「小倉を名づけて桴京という」と記す記述がある。

＊1　一七七五～一八三五。江戸後期の考証学者。厳密な書誌学的研究にすぐれた。

＊2　魏・呉・蜀の三国（二二〇～二八〇）を扱う中国の正史『三国志』の一書、『魏書』東夷伝のなかの部分。

＊3　『釈椋』。出版地・京城、出版者・稲葉岩吉。一九三六年。

＊4　上野和昭氏（早稲田大学教授）のご教示による。

もしれません。いずれにしても「椋」の文字が高句麗に由来し、百済や新羅にも受容され、それが日本にもたらされたという経路については大方の支持が得られるだろうと思っております。

③「中」の用法と略字の「卩」　このほかにも高句麗に起源し、そのほかの地域に影響を及ぼした文字資料として、先ほど触れた城壁石刻があります。四〇頁の図版に掲げたものを見て頂くと、最初の二字は「丙戌」とあって、その次の行に「二月中」と書いてあります。ほかの城壁石刻にもそう書いてあります。さて、この「中」という字は、「何月に」という時格の助詞でありますが、このような「いつに」というとき「中」の字を用いる用例が、高句麗で用いられていたことがわかります。もちろんこの起源は中国にあるのですが、高句麗や新羅や百済にもこのような例が多く見られます。

また、この城壁石刻の四行目には「後卩」とあって、「部」という字を片仮名の「ア」のように「卩」と省略しています。この略字は日本の木簡などに大変多く見られますし、百済の木簡や石刻文字にもたくさんありますが、それも高句麗に起源があったと見ることができると思います。

高句麗の城壁石刻のように、城壁の築造に際して、監督者の名前や工事の分担区間、工事期間などを記した石碑は新羅にも導入され、朝鮮半島では朝鮮王朝（李朝）時代まで営々とこのような石碑がつくられていきます。

（次頁）
＊1　山背国（今の京都府南東部）葛野郡を本拠とする渡来系の有力氏族。『日本書記』に、秦氏が祖とする弓月君［ゆづきのきみ］は百済から渡来したとあるが、一般には古くから西日本に移住し機織や農耕に従事していた新羅系の人々が母体とされる。多くの貢納により朝廷を支えた。

新羅の金石文

◆新羅における初期の文字資料

①自然石に書かれた碑文　新羅で発見されている最古の碑は、迎日冷水碑《ヨンイルネンス》であります。この碑は一辺六十センチぐらいの台形をしているのですが、文字がこのような台形のものに書かれているという形状もさることながら、書かれた内容にも注目されます。文字は台形の前、後ろ、上という順に、文章が三面にわたって書かれております。その内容は、新羅の都から北に二十キロほど行った珍而麻《ちんじま》村という土地で財産相続をめぐる争いがあり、これを新羅の高官が行って裁定したことが記されています。

次いで五二四年に立碑された蔚珍鳳坪《ウルチンポンピョン》碑があります。約二メートルの石柱状の碑石に四百字が記されております。蔚珍というところは日本海側に位置し、最近日本の学会でも[*1]秦《はた》氏の故郷として有力視されているところです。その内容は、朝鮮半島の東海岸から北上した新羅が旧高句麗民を徴発して、この蔚珍付近の幹線道路の整備保全を行わせ、その過程で起こった過ちに対して首長たちを処罰した。そしてその首長たちの名前と、「杖六十」（棒で六十回打つ）、「杖百」という刑罰の内容を記し、以後王命に違《たが》えることがないよう天の前で誓ったという内容が書かれております。

◀迎日冷水碑。一九八九年、韓国慶尚北道迎日郡冷水里で発見された。五〇三年と推定される干支（癸未年）があり、現在、新羅最古。高句麗以来の文体が認められる。6ー頁参照。（李成市提供）

さらに、新羅の石碑に丹陽《タニャン》赤城碑《チョクソン》という碑があります。これは長いあいだ新羅と高句麗との境界領域であったところから発見されたもので、この地を新羅が高句麗から奪い取り、そこでの経営に功績のあった、旧高句麗領域民であった人物の家族に対していろいろな恩典を与え、その恩典の事例を新羅全土で適用することを宣言した碑文であります。

これらの三つの新羅の石碑は、いずれもここ二十数年の間に発見されたものですが、高句麗の広開土王碑以来の伝統である「教」という字を重ねて王命を宣布する形式が踏襲され、漢文体では解読できないという文体の特徴でも類似しております。どうして類似しているのかについては、これは当時の碑の読み手、つまり誰に読ませるために刻まれたのかにもかかわってくる問題ですが、この碑が発見されたところは旧高句麗人に関連のある場所でもあります。ですから、彼らがもともと慣れ親しんでいた高句麗の文字文化で布告するのは当然かもしれません。

こうした自然石に書く形態は日本の石碑の主流をなし、山ノ上碑などにその影響が見られます。六世紀の日本における文字資料は見つかっておりませんが、韓国では今紹介したように、この二十数年の間に五~六世紀の石碑が相次いで発見されたわけです。これらのうち冷水碑と蔚珍碑は精巧な複製がこのたび歴博に展示されておりますので、これもぜひごらんいただきたいと思います。また、赤城碑は初期のころに取られた良い拓本が展示されております。

▲丹陽赤城碑。1978年に発見された。545年（＋α）の年紀がある。63頁参照。（李成市提供）

▲蔚珍鳳坪碑。1988年に発見された石碑で、高さ約2メートル、約400字が刻まれている。62頁参照。（李成市提供）

◀群馬県高崎市山名町山神谷に所在する山ノ上碑。その脇の古墳の被葬者・黒売刀自［くろめのとじ］のために、息子である僧の長利［ちょうり］が建てたもので、1メートルほどの自然石に53文字が4行に刻まれている。「辛巳」（681年・天武10）の年紀を持つ。（高崎市教育委員会提供）

②切石に書かれた碑文

新羅は赤城碑が建てられたころを皮切りに破竹の勢いで朝鮮半島を北上していきますが、ついに五六四年には初めて自分の力で中国北朝の北斉に朝貢*1し、冊封《さくほう》されます。五六八年には南朝の陳にも朝貢を果たします。今や新羅は、高句麗にしかできなかった中国の二つの王朝に朝貢して冊封されるという事業を達成するわけですが、あたかもこのような成果を宣言するかのように新羅の真興《しんこう》王は、五六八年に朝鮮半島の東北部から現在のソウルへと巡狩《じゅんしゅ》*2を行います。そして、各地に碑を建てておりますが、この各地に建てた碑の一つが磨雲嶺《まうんれい》碑であります。

この碑をごらんいただきますと、五五〇年代、赤城碑以前の碑とはまったく違って、碑身を磨いた切石を用いてその上に笠石を載せるという形態であり、真興王はこういったも

▲上：磨雲嶺碑。磨いた切石の上に笠石を載せる。碑文は荘重な漢文体。64頁参照。（田中俊明氏提供）

▲下：那須国造碑。古代那須地方の中心地であった栃木県湯津上村に現存する。七〇〇年に没した那須国造の墓碑の性格を持つ文面が一五二文字・八行にわたって刻まれている。中国六朝風の書風・漢文であり、碑の上には笠石が載る。国宝。（笠石神社蔵）

*1　中国の諸侯や周辺諸民族の首長あるいはその使者が貢物をもって中国の皇帝に拝謁することを「朝貢」という。そこで中国皇帝から官爵が賜与されれば、両者のあいだに君臣関係が成

のをいくつか建てております。そして、建立の目的や、王がなぜこの地に出御するに至ったかということなどを荘重な漢文で刻み込んでいます。こういう形態の石碑は、日本では那須国造碑《なすこくぞうひ》や多胡碑《たごのひ》にその影響を見てとることができます。

◆新羅での試行錯誤——誓記体

高句麗を経由して漢字文化を受容した新羅では、それらを基本としながらも、独自の文字文化を形成するためにいろいろな試行錯誤があったと推測されます。その過程を推測させる資料として「壬申誓記石《じんしんせいきせき》」があります。自然石に刻まれたこれらの文字を一瞥しますと、漢文で記されているように見えるのですが、朝鮮語の語順に漢字を配列した、いわゆる変体漢文であります。たとえば碑文の二行目に「若此事失天大罪得誓（若《も》し此の事を失

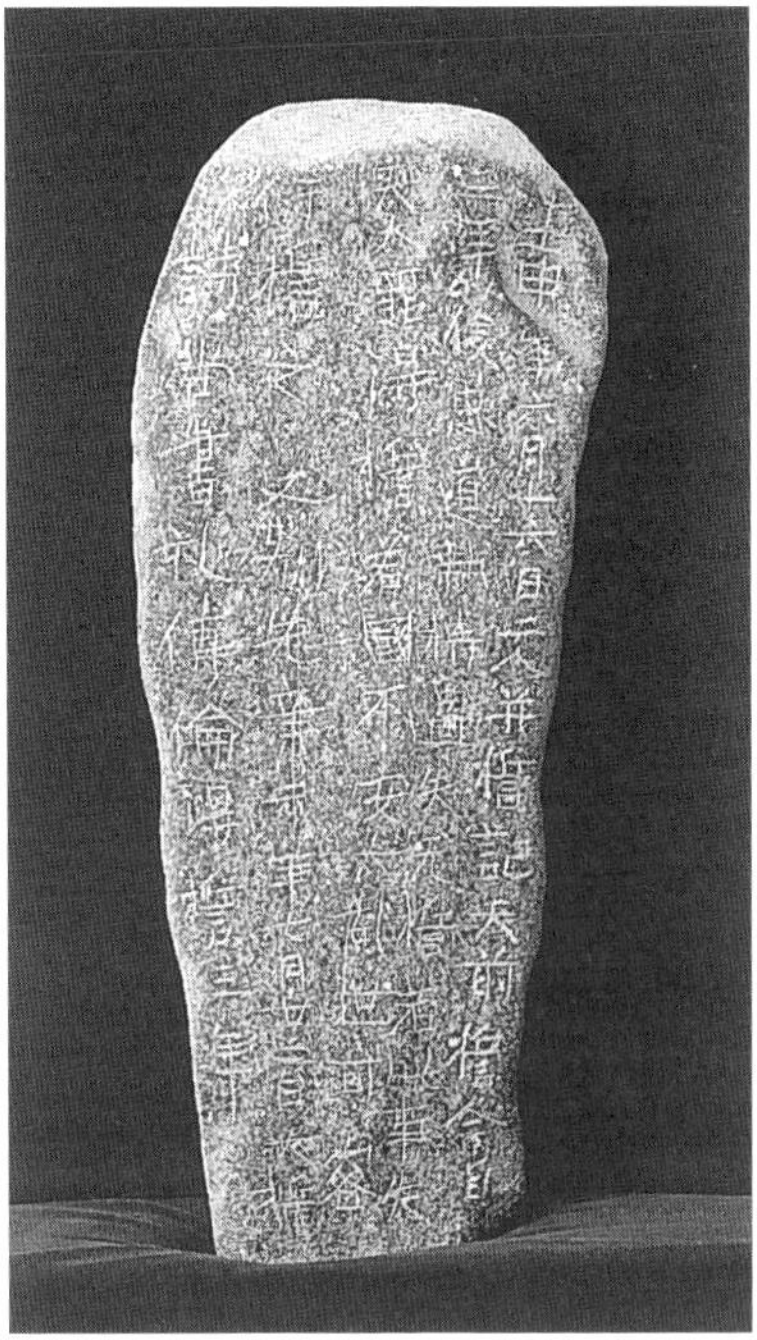

▲壬申誓記石。1935年、新羅の古都慶州から出土した。冒頭の「壬申年」は552年または612年と考えられ、二人の青年が互いに身を律するために、三年の間に儒教経典を熱心に勉強することを天に誓いあった内容が記されている。65頁参照。（韓国・国立慶州博物館）

立することになるが、これを「冊封」とよんでいる。

＊2　天子が諸侯の守っている領地を巡視すること。中国には、皇帝の征服事業を記した巡狩碑が多く残されているが、朝鮮半島からも真興王の巡狩碑が現在まで三碑確認されている。

すれば天の大罪を得んことを誓う）とありますが、これは日本語の語順と全く同じです。中国の漢文であれば「若失此事、誓得天大罪」となります。

古代朝鮮においても言語構造の異なる中国の漢文を使いこなすことは困難であり、漢字をみずからの文字文化として馴化するための努力がされたと推定されます。こうした文体をこの資料にちなんで韓国では「誓記体」といっています。後ほど犬飼さんから詳しいお話があると思いますが、古代日本でも法隆寺金堂薬師如来像光背銘[*1]などにこのような文体が見つかっております。

この時代の字形や表記法に関連して注目されるその他の資料としては、やはり新羅と高句麗が角逐を繰り返していた国境地帯のお墓である順興邑内里《じゅんこうゆうないり》壁画古墳に記されていた文字です。ここに見られる「己亥中墓像人名○○○…」（己亥年に墓像人、名は○○○…）というような表記の仕方は古代日本の銘文にも見られ、江田船山《えたふなやま》の太刀銘の書式とも符合します。

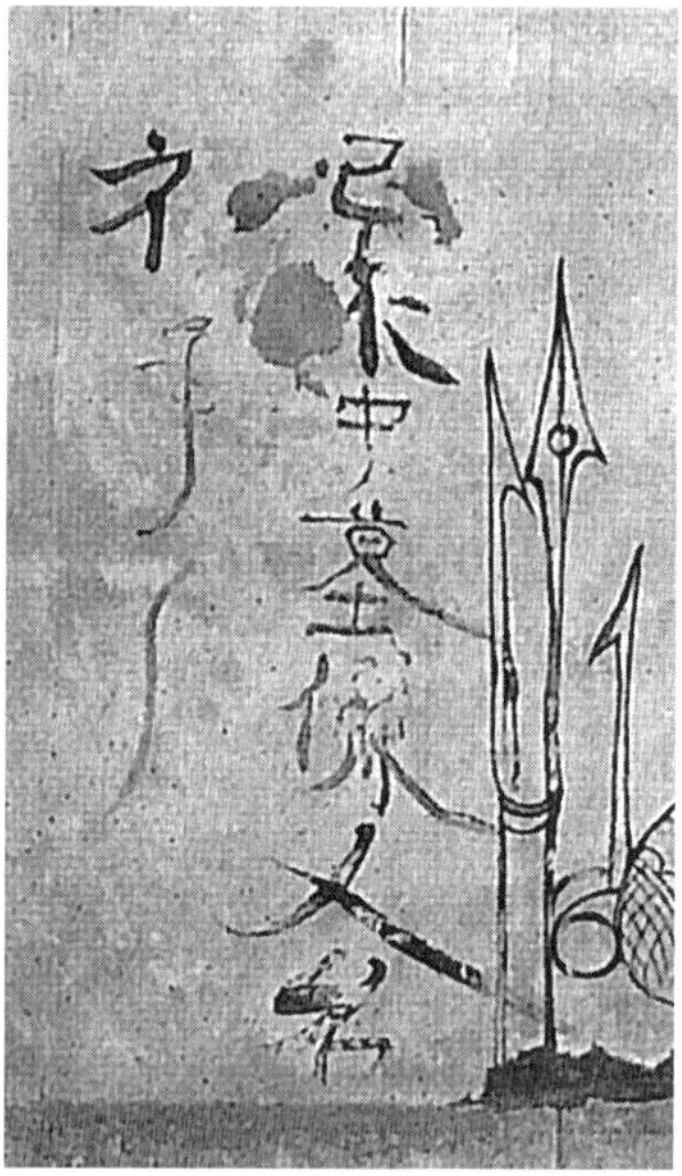

▶順興邑内里壁画古墳（新羅）。壁画は韓国の慶州北道栄豊［ヨンプン］郡の順興邑で発見された古墳の玄室に描かれていた。「己亥中墓像人名□□□」と記す。「己亥」年と見ると、五七九年にあたると考えられるが、「己未」とする説もある。（『古代文字』韓国・釜山市立博物館展示図録、一九九七年）

◆木簡から見えてきた新羅と日本の共通性

最後に、新羅の木簡について触れたいのですが、かつて加耶の有力国の一つであった安《あん》[*2]羅《ら》国に所在した城山山城《ソンサンサンソン》という山城から、二十八点の新羅木簡が出土しました。基本的にこの木簡は左頁の図右にあるように地名（烏欣弥村）、人名（卜兮）、物品名（稗《ヒエ》）、その量

＊1　70頁参照。薬師仏は金堂・東の間の銅造の本尊で、推古十五年（六〇七）、または白鳳時代の作ともいわれる。光背には九〇文字の銘文が刻まれ、末尾に「歳次丁卯年（六〇七年）仕奉［つかえまつる］」とある。

（二石）が書かれており、荷札として用いられたものです。左にある「上干支」は、新羅の身分制のうち地方の在地首長に与えられた官位（外位《がいい》）です。これらの木簡の使用年次は、この官位の表記法から五六一年以前であることが確実になっています。この城山山城木簡で注目されるのは、木簡の下の方にV字の切り込みがあることです。あるいは下の方に穴をあけているものもあります。日本には十八万点といわれる出土木簡がありますが、その中でも早期のものに限ってこういうものがあり、その数は四〜五点といわれております。城山山城出土の木簡によって新羅のこういう形態も六世紀前半にさかのぼることが明らかになり、これらが古代日本の木簡に影響を及ぼしたことがわかってまいりました。

それからもう一つ、新羅の木簡でご紹介したいものがあります。この木簡は門の名前が四つ裏表に書かれておりまして、その門の名の下に、割注のように小さな字で二行にわたって、「阿某」とか、「金某」などと記されております。これは日本古代で宮殿の門番に食料を給付するために使われていた「兵衛《ひょうえ》木簡」と呼ばれる木簡の形式と同じもので、それが新羅の雁鴨池《アナプチ》という新羅時代の宮苑池から発見されたわけです。

もう一つ興味深いのは、おなじ雁鴨池から鉄製の鍵が発見されたことです。この鍵の太い部分には、「合零闌鎰」という字が書かれていました。日本の木簡にも「東門鎰」「東殿門鎰」と書かれたものが出ておりまして、この「鎰」という字は日本では「かぎ」という意味で使われております。中国の辞書には

烏欣弥村卜兮稗一石

□知上干支

◀慶尚南道咸安［ハマン］郡伽倻邑から発見された城山山城木簡。城山山城遺跡からは二十八点の木簡が発見されている。（『咸安城山山城発掘調査報告書』韓国・国立昌原文化財研究所、一九九八年）

＊2　阿羅［あら］、阿戸羅とも表記する。広開土王碑や『日本書紀』欽明紀に日本（倭）との深い関連を思わせる記事がある。五六二年、新羅により滅亡。

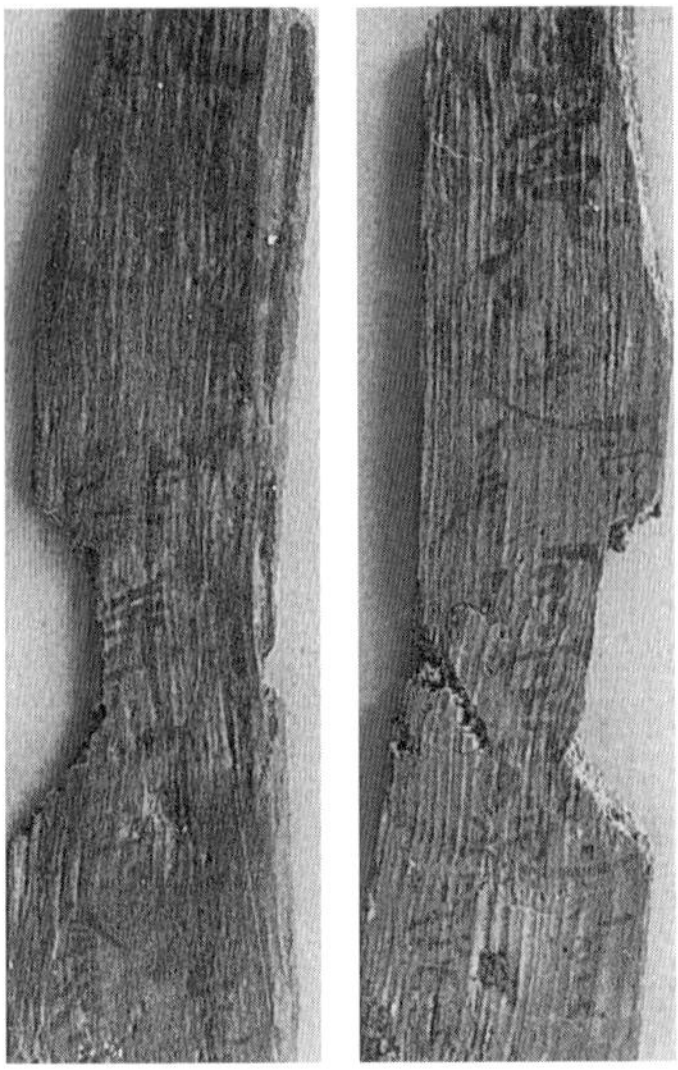

大門廷　□□　開義門廷　小邑友永 金差□

□隅宮北門廷　□阿□ □□　同宮西門廷　□□□ □□□

合十人□□五月九日食司日下マ太万呂状

東三門　額田 各務　林 漆部　神 秦　北門　日下部 縣　北府　服□ 大伴

▲▶門に関わる日韓の木簡。

▲上：韓国雁鴨池出土木簡。両面に、いくつかの門の名称が書かれている。門名の下に記された小字は人名で、その員数を合計するための木簡。8世紀半ば。（韓国・国立慶州博物館）

▶右：平城宮跡木簡。兵衛が西宮にある門へ出勤した当日の食料を請求した木簡で、同じく門名とその門を守る兵衛の氏を記している。8世紀半ば。（奈良文化財研究所）

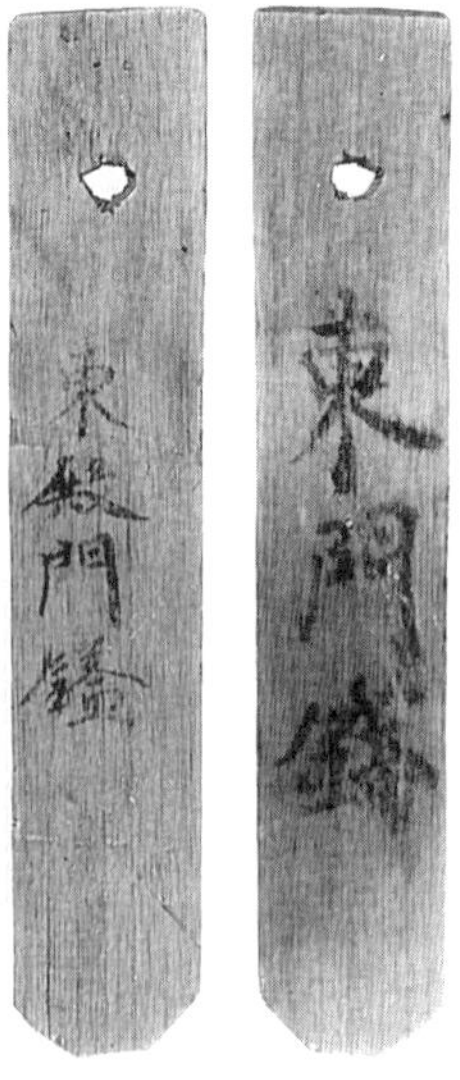

東殿門鎰　東門鎰

◀▼鎰（鍵）に関わる日韓の資料。

◀左：二条大路出土木簡。「東門鎰」「東殿門鎰」の文字が見える。8世紀前半。（奈良文化財研究所）

▼下：「合零闈鎰」と書かれた鉄製の鍵。雁鴨池出土。統一新羅。（韓国・国立慶州博物館）

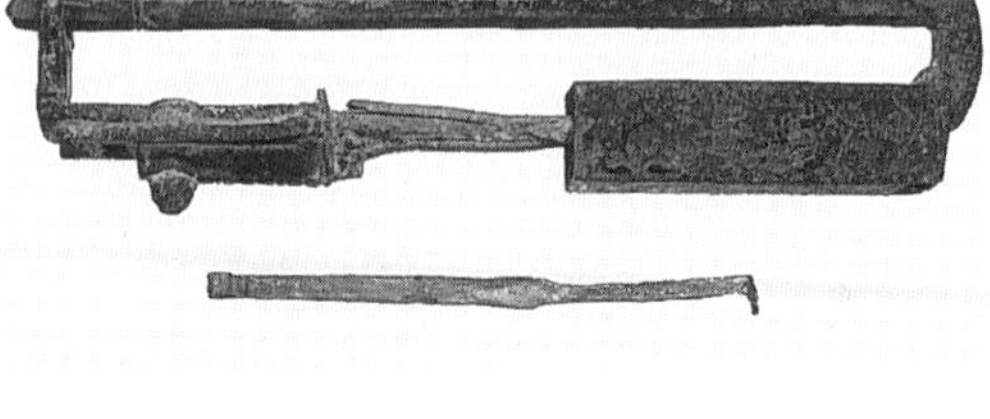

この「鎰」という字は「かぎ」という意味がありませんので、これは日本固有の用法だとこれまで考えられておりました。ところが、新羅の王宮の宮殿の池からこの「鎰」という字が書かれたかぎが出てきたわけですから、新羅でもこの文字が「かぎ」の意味で用いられていたことがわかります。

＊＊＊

十八万点にも及ぶといわれる日本の木簡は、今まで中国との関係がなかなかつかめないと考えられてきましたが、韓国出土の新羅木簡を媒介させることで、その直接の由来が朝鮮半島にあることがしだいにわかってきました。今後、木簡をはじめとする出土資料によって、古代日本と朝鮮半島の関係はもっと具体的にわかってくるのではないか、と期待しております。（拍手）

COLUMN

文体と形態から読む石碑

六世紀の新羅碑をめぐって

李　成市

韓国では一九七〇年代以降、多数におよぶ新羅の石碑が発見されており、立碑年代の古いものは六世紀初頭にまでさかのぼる。それ以前に発見された石碑を含めて、六世紀に建立された石碑だけでも、年代順にあげれば、迎日冷水碑（五〇三年）、蔚珍鳳坪碑（五二四年）、丹陽赤城碑（五四五＋α年）、昌寧碑（五六一）、真興王巡狩管境碑（摩雲嶺碑、黄草嶺碑、北漢山碑（五六八））、南山新城碑（五九一年）などがある。南山新城碑は、同一時期に同じ目的ために二百ほど立碑されたと推定されているが、そのうち現在までに一〇碑が発見されている。

これらの石碑は、その形態や内容から、大きく二つに分類することができる。一つは、自然石を利用して、王命を意味する「教」字を多用しながら、命令の告知ないし誓盟させる内容を、正規の漢文体ではなく、いわゆる変体漢文で書きつけたものである。もう一つは、碑身に磨いた切石をもちいて、その上に笠石（蓋石）をのせる形態をなし、そこに正格漢文体で書き記されたものである。

変体漢文の碑石が五〇三年から五九一年まで一貫して存在し続けたのに対し、正格漢文体の碑石は、現在までのところ五六八年に立碑されたものが孤立して現れるかのようにみえる。ここから様々なことを推測しうるが、とりあえず言明できることは、単純に「稚拙な」変体漢文から、正規の漢文体へという図式で移行過程を推定することはできないという事実である。

五六一年に真興王によって建てられた昌寧碑は、同じ真興王による「巡狩管境碑」（摩雲嶺碑、黄草嶺碑、北漢山碑）に加えられることがあるが、自然石を用いていることや、その内容については摩滅して多くの文字の判読は困難であるものの判読可能な文字を見る限り上記三碑との共通性は見出しがたく、むしろ、ほかの六世紀に建てられた石碑との類似点が目立つ。

こうしてみると、あらためて真興王巡狩管境碑の突出していることが浮き彫りになる。問題は、六世紀における新羅の碑石の中で異彩を放つ巡狩管境碑をほかの碑石との比較において、どのように評価するかである。

まず、両者の違いを生じさせた背景であるが、巡狩管境碑（五六八年）の数年前の動向に留意したい。すなわち、真興王は、五六四年に北斉に朝

自然石タイプ	**切石タイプ**
特徴	**特徴**
素材・形状	**素材・形状**
自然石	磨いた切石 上に笠石を載せる
文体	**文体**
変体漢文	正格漢文
内容の特徴	**内容の特徴**
王命を意味する「教」の字を多用 命令を告知したり誓盟させる内容	新羅年号の使用
碑名（年代）	**碑名（年代）**
迎日冷水碑（503） 蔚珍鳳坪碑（524） 丹陽赤城碑（545＋α） 昌寧碑（561） 南山新城碑（591）	真興王巡狩管境碑（568） 磨雲嶺碑 黄草嶺碑 北漢山碑

貢し、翌年には冊封されている。さらに五六六年には南朝の陳に朝貢をはたしている。これ以前においては高句麗のみがなしえた南北両王朝への朝貢であった。巡狩管境碑は、まさに、この南北両朝への朝貢を実現させた直後という時期に当たっている。

また、巡狩管境碑が立碑された場所は、磨雲嶺碑、黄草嶺碑が高句麗領域の奥深く踏み込んだ辺境の地である。北漢山碑にしても新羅最北の地であり、いずれも高句麗と厳しく対峙していた地域である。巡狩管境碑の三碑は各々欠損部があるが、残存している部分を検討する限りほぼ同一の内容であったと見られる。磨雲嶺碑の冒頭には「真興太王巡狩管境」と明記し、「帝王建号」した「朕」の自負をもって民心の慰撫に努めることが荘重な漢文体で刻されている。三国の覇者たらんとする真興王の自負心がうかがえる。

以上のような点を考慮してみると、碑身に磨いた切石を用いて、その上に蓋石を乗せる形態をもつ巡狩管境碑の文体の由来は、中国へ単独で行った最初の朝貢と授爵ということが大きな契機となり、そのような自信を新付の民に誇示しているとみることもできる。ただ、その文体から注目したいのは、書き手と読み手の関係である。碑石で呼びかけられている対象(読み手)は、他の六世紀の碑石のように、具体的な法の宣布や誓盟とはちがって、新羅王や高官との緊密な関係を前提とはしていない。新羅から見れば、「辺境に位置する不特定多数の広範な民」を対象としている。こうした点は、そのほかの新羅碑にみられる書き手と読み手の関係に大きな違いがある。

さきに述べたように、三つの巡狩管境碑は、正格漢文体であり、そのほかの六世紀の新羅碑は変体漢文で記されていたが、ここで改めて、変体漢文がもつ文章としての性格を問題にしなければならない。すでに指摘されていることではあるが、正格漢文と変体漢文とは、外見が似ていても、文章としての性格は全く異なる。たとえば、巡狩管境碑は、新羅式に読まれることがあっても、漢文として通用することが期待されたはずである。

一方、変体漢文は、漢文として通用することは初めから問題になっていない。正格漢文とは原理的に異なり、変体漢文は、もとより漢文ではない。「外国語としての漢文への回路をもつことなく、自分たちの言葉の中で漢字を用いる」（神野志隆光）のであり、全く異なる文字文化ということになる。

そもそも、変体漢文は、次第に「外国語としての漢文」に近づく過程に位置しているのではなく、それ自体が文字の内部化、成熟化、社会化として捉えるべき性格を備えている。そうしてみると、現在のところ新羅の石碑は五〇三年にさかのぼるのであるが、そこにみられる変体漢文を参照するならば、漢字文化は、新羅社会に深く浸透していたとみなければならないことになる。少なくとも新羅では、五世紀末には、正格漢文をいったん受け止めたうえで、それを自らのシンタックスで捉え直し、漢文を自らの文字として馴致させようとしていたことになる。また、書き手だけでなく、新羅の政治圏内における広範な読み手を想定しなければならないことにもなる。

新羅の漢字文化は、こうした段階にいかにして到達したのか、そこに至る過程については全く不明であるが、その文体に見られる特徴を参照するならば、長い間の高句麗との政治関係が大きく関わっていたものと推測される。新羅の漢字文化は高句麗のそれとの関係で検討されなければならないであろう。

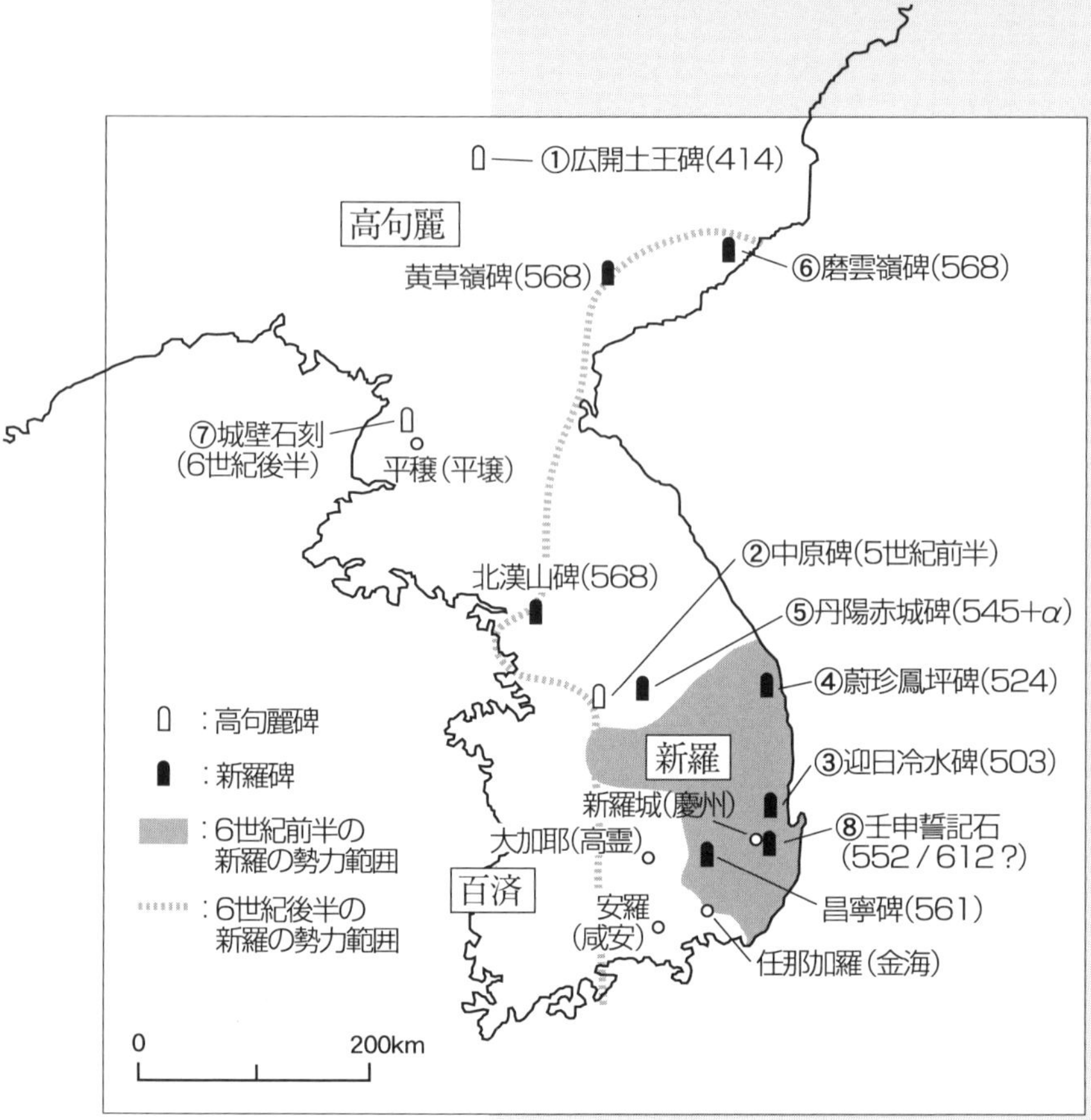

高句麗、広開土王碑を立碑　414

415 高句麗で、壺杅が作成される

このころ高句麗、中原碑を立碑

427 高句麗、平壌城に遷都する

新羅、迎日冷水碑を立碑　503

520 新羅、律令を制定する

521 百済、新羅を伴い梁へ遣使する

新羅、蔚珍鳳坪碑を立碑　524

532 新羅、金官加耶を併合する

このころ新羅、丹陽赤城碑を立碑　545

新羅領内で壬申誓記石を立碑　552
(612年説あり)

553 新羅、百済から漢山地域を奪取し、
新州を設置する

新羅、昌寧碑を立碑　561

561 新羅、安羅の波斯山に築城し日本に備える

562 新羅、大加耶国を滅ぼす(加耶諸国滅亡)

564 新羅、北斉に遣使、翌年冊封される

新羅、磨雲嶺碑、黄草嶺碑、568
北漢山碑を立碑

568 新羅、陳に遣使

586 高句麗、長安城(平壌)に遷都する

このころ、長安城で城壁石刻が
刻まれる

[李 成市]

資料

朝鮮半島の石碑

① 広開土王碑（高句麗／四一四年／中国吉林省集安市）

●碑文（第四面末尾）（武田幸男氏釈文による）

国岡上広開土境好太王存時教言「祖王先王但教、取遠近旧民、守墓洒掃、吾慮旧民転当羸劣、若吾万年之後安守墓者、但取吾躬巡所略来韓穢、令備洒掃」言教如此。是以如教、令取韓穢二百廿家、慮其不知法、則復取旧民一百十家。合新旧守墓戸、国烟卅、看烟三百、都合三百卅家。自上祖先王以来、墓上不安石碑、致使守墓人烟戸差錯。唯国岡上広開土境好太王、盡為祖先王墓上立碑、銘其烟戸、不令差錯。又制、「守墓人自今以後、不得更相転売。雖有富足之者、亦不擅買。其有違令売者刑之、買人制令守墓之」。

●内容　高句麗の広開土王（在位三九一〜四一二）によって立てられた碑で、東アジア最大の六・三メートルの高さを誇る。高句麗王の始祖の出自と系譜、広開土王の経歴、外征と戦果、王陵の守墓人「烟戸」などについて、四面にわたって一七七五字を記している。王の「教」「教令」を重ねて記し、「制」を末尾に記して法令を宣布しており、王の政治的意志を告知している。

その後の高句麗碑や新羅碑の多くが純然たる漢文体ではないのに比し、内容が整然と構成された漢文で、特殊な位置を占める。文字は雄渾な隷書体。

② 中原碑（高句麗／五世紀前半／韓国忠清北道中原郡）

●碑文（武田幸男氏釈文による）　□＝釈文不可能の文字　△＝他の釈文も可能の文字　○＝一応釈文可能の文字

（前面）

五月中高麗太王相王公□新羅寐錦世世爲願如兄如弟
上下相和守天東夷之寐錦□太子共前部太使者多兮桓
奴主簿□□□□□□□□去□□到至跪営之太子共□
尚□上共看節賜□□□□□□□賜寐錦之衣服建立□
用者賜之隨□□□□奴客人□教諸位賜上下[衣]服教東
夷寐錦遝還来節教賜寐錦土内諸衆人□□□□□國土
大位諸位上下衣服兼受教跪営之十二月廿三日甲寅東
夷寐錦上下至于伐城教来前部太使者多兮桓奴主簿□
□□□境□募人三百新羅土内幢主下部□位使者□奴
□□奴□□□□蓋盧共□募人新羅土内衆人□□□□

（左面）

□□□中□□□□□不□□村舎□□□□味□沙□□
□□□□□□□□□功□□□□□□□□節人□□□
□□□□□□辛酉□□□□十□□□□□太王國土□
□人□□□□□□□□□□□□□□□□□□□□□
□□□□□□□□□上有□□□□□□□東夷寐錦土
[内]□□□□□方□□□沙□斯色□□□□加共軍至于
[伐][城]丙子□古牟婁城守事下部大兄耶□

●内容　一九七八年発見。高さ二メートル余。摩耗が激しく不明点が多いが、四面にわたって文字が記されていたと推定され、「広開土王碑」を縮約した姿であるが、文体は漢文体とは異なる。

　敵対する新羅の領域内付近に立てられ、主たる読み手は新羅人であったと思われる。新羅王との関係は「如兄如弟上下相和守天」と融和的に記されているほか、新羅王以下の高官に衣服を賜授していた事実や、新羅領内に高句麗の軍官が駐屯して新羅人を組織していたことなど、高句麗が優位だった時期に、新羅を政治的に下位に位置づけようとする意志が見てとれる。「広開土王碑」と同じく「教」を重ねて高句麗王の政治的意志を告知している。

③ 迎日冷水碑（新羅／五〇三年／韓国慶尚北道迎日郡）

●**碑文（前面）**

斯羅喙斦夫智王乃智王此二王教用珎而
麻村節居利為證尓令其得財教耳
癸未年九月廿五日沙喙至都盧葛文
王斦徳智阿干支子宿智居伐干支
喙尓夫智壹干支只心智居伐干支
本彼頭腹智干支斯彼暮斦智干
支此七王等共論教用前世二王教
爲證尓取財物盡令節居利
得之教耳別教節居利若先
死後□其弟兒斯奴得此財
　教耳別教末鄒斦申支
　此二人後莫更噵此財

（後面）

若更噵者教其重罪耳
典事人沙喙壹夫
智奈麻到盧弗須仇
休喙耽須道使心訾公
喙沙夫那斦利沙喙
蘇那支此七人蹑跪所白了
事煞牛祓誥故記

（上面）

村主臾支干
支須支壹
今智此二人世中
了事
故記

●**内容**　一九八九年、慶州から北へ約一〇キロの地で発見。台形状の石の前面・後面・上面の三面にわたって文字が刻まれている。

現在の冷水里付近にあった「珎而麻村」の「節居利」や、彼の関係者による「財物」取得の紛争に対し、癸未年（五〇三）九月に、新羅の高官七人（七王）が「共論」し、以前に示された「二王」の「教」を拠り所にして、新たな「教」（別教）をもって裁定を行ったことを記す。裁定の後、七人の典事人によって牛を犠牲とした祓いの儀式を行って天に告げたこと、二人の当該地の村主（在地首長）がこの調停に立ち会ったことを刻んでいる。当事者である「節居利」の死後には弟の子供「斯奴」が相続することを告知し、さらに、紛争相手がこの問題を再度問題にすることを法的規制で強く禁止している。裁定内容を未来にわたって順守させるために碑石に記したと考えられる。

自然石が用いられ、文体は変体漢文、「教」を重ねることにより告知内容に強制力を負荷させている。

④蔚珍鳳坪碑（新羅／五二四年／韓国慶尚北道蔚珍郡）

●碑文（武田幸男氏釈文による）（凡例は②参照）

甲辰年正月十五日喙部牟即智寐・錦王沙喙部徒夫智葛文王本波部□夫智□□
干支岑喙部美斯智干支沙喙部而・粘智太阿干支吉先智阿干支一毒夫智一吉干支喙勿力智一吉干支
慎・宍智居伐干支一夫智太奈麻一・尓智太奈麻牟心智奈麻沙喙部十斯智奈麻悉尓智奈麻等所教事
別教令居伐牟羅男弥只本是奴人雖・是奴人前時王大教法道俠阼隘尓所界城失兵遠城滅大軍起若有
者一依為之人備土寧王大奴村貧其値一二其餘尹種種奴人法
新羅六部煞斑牛□□□事大人喙部内沙智奈麻沙喙部一登智奈麻男次邪足智喙部比須婁邪足智居伐牟羅道
使卒波小舎帝智悉支道使烏婁次小舎帝智居伐牟羅尼牟利一伐弥宜智波旦部只斯利□今智阿大兮村使人
奈尓利杖六十葛尸条村使人奈尓利居□尺男弥只村使人異□杖百□即斤利杖百悉支軍主喙部尓夫智奈
麻節書人牟珍斯利公吉之智沙喙部善文吉之智新人喙部述刀小烏帝智沙喙部牟利智小烏帝智
・立石碑人喙部博士于時教之若此者誓罪於天・・・居伐牟羅異知巴下干支辛日智一尺世中卒三百九十八

●内容　一九八八年、慶州から北へ約一四〇キロの水田で発見。約四〇〇字、以下の四つの内容から成る。(1)甲辰年（五二四）正月十五日、法興王と十三人の高官により「教」が下された。(2)「本奴人」（旧高句麗民）である「居伐牟羅の男弥只村」（現・栄州郡順興面）の民に、蔚珍付近の「法道」の整備と保全を前の王命に従って遂行するよう重ねて王命が下され、王自ら視察。(3)新羅の官人が「殺牛祭天」の儀礼を挙行。儀礼参加者の名、王命に違えたかどで「杖六十」「杖百」の処罰を受けた四村の首長層五人の名とその刑量、立碑関係者の名。(4)「居伐牟羅」の二人の首長が、三九八人の民と共に、以後王命に違えぬよう、王の前で天に誓った盟誓句。

蔚珍は新羅の北辺に位置し、新羅が高句羅から奪取し支配を強化した特殊軍事地帯。自然石を用い、文体は変体漢文で、「教」字を重ねることで施策が強制力をもって布告されている。末尾の誓約文から、碑石が威嚇を伴って告知されたことがうかがえる。

⑤ 丹陽赤城碑（新羅／五四五＋α年／韓国忠清北道丹陽郡）

●碑文（武田幸男氏釈文による）

□□□□月中王教事大衆等喙部伊史夫智伊干
[支]□[部]豆弥智波珎干支喙部西夫叱智大阿干
[支]□[夫]智大阿干支内礼夫智大阿干支高頭林
城在□[主]等喙部比次夫智阿干支沙喙部武力智
阿干[支]鄒文村幢主沙喙部導設智及干支勿思伐
[城][幢][主][喙]部助黒夫智及干支節教事赤城也尓次
□□□□中作善□懐懃力使□人是以後其妻三
□□□□□□□□□□□許利之四年小女師文
□□□□□□□□□公兄鄒文村巴珎婁下干支
□□□□□□□□□者更赤城烟去使之後者公
□□□□□□□□□異□耶国法中分与雖然伊

□□□□□□□□□子刀只小女烏礼兮撰干支
□□□□□□□□使法赤城佃舍法為之別官賜
□□□□□弗兮女道豆只又悅利巴小子刀羅兮
□□□□□合五人之別教自此後国中如也尓次
□□□□□□懐懃力使人事若其生子女子年少
□□□□□□□兄弟耶如此白者大人耶小人耶
□□□□□□□□□部奈弗耽郝失利大舍鄒文
□□□□□□□□□勿思伐城幢主使人那利村
□□□□□□□□□人勿支次阿尺書人喙部・
□□□□□□□□□人石書立人非今皆里村・
□□□□□□□□智大烏之

●内容　一九七八年、丹陽郡の赤城山城跡から発見。内容は、法令の部分と、立碑関係者の部分から成る。法令の部分は以下の三つの内容で構成される。(1)法令を布告した九人の官人の名、(2)新羅による高句麗からの赤城奪取や、その経営に功績があったと推定される「也尓次」の家族に対する恩典（佃舎法）、(3)そのような赤城の事例を新羅全土で適用するという宣言。当時の新羅の領域拡大の実相をかいまみることができる内容で、文体は変体漢文が用いられ、「教」字を重ねて記す。碑石には自然石が用いられている。

⑥磨雲嶺碑（新羅／五六八年／朝鮮咸鏡南道利原郡）

●碑文

太昌元年、歳次戊子八月廿一日癸未、真興太王巡狩管境、刊石銘記也。

夫純風不扇、則世道乖真、玄化不敷、則邪為交競、是以帝王建号、莫不修己、以安百姓、然朕歴数、当躬仰紹、太祖之基、纂承王位、競身自慎、恐違乾道。又蒙天恩、開示運記、冥感神祇、応符合竿、因斯四方託境、広獲民土、隣国誓信、和使交通、府自惟忖、撫育新古黎庶、猶謂道化不周、恩施未有、於是歳次戊子秋八月、巡狩管境、訪採民心、以欲労賚、如有忠信精誠、才超察厲、勇敵強戦、為国尽節、有功之徒、可賞爵物以章勲効。

引駕日行至十月二日己亥、向渉是達非里□□□、因諭辺境矣。

●内容　領域拡大に成功した新羅の真興王は、五六四年に北斉に朝貢し、五六八年には南朝の陳に朝貢を果たすと、その年に朝鮮半島東北部から現在のソウル地方へと巡幸を行い、高句麗領域にまで踏み込んだ辺境各地に石碑を建立した。これらの碑石には「真興王巡狩管境碑」と銘記され、現在「磨雲嶺碑」「黄草嶺碑」「北漢山碑」の三碑が知られている。三碑はともに碑身に磨いた切石をもちいて、その上に笠石（蓋石）をのせる形態であった。また、いずれもその内容は「帝王建号」した「朕」の自負をもって民心の慰撫につとめることが荘重な漢文体で刻されている。

碑石の形態と内容は、六世紀の他の新羅碑と比して隔絶しており、特別な位置を占める。日本の「那須国造碑」（七〇〇年）や「多胡碑」（七一一年）はともに笠石をのせるが、これらの碑石の形態は、「真興王巡狩管境碑」の影響によるものと考えられている。

⑦ 城壁石刻（高句麗／五五二～五九三年／朝鮮平壌市）

●碑文

❷（五八九年）

己酉年
三月廿一日
自此下向
東十二里
物苟小兄
俳須百頭
作節矣

❹（五六六年）

丙戌
二月中
漢城下
後卩小
兄文達
節自此
西北行
渉之

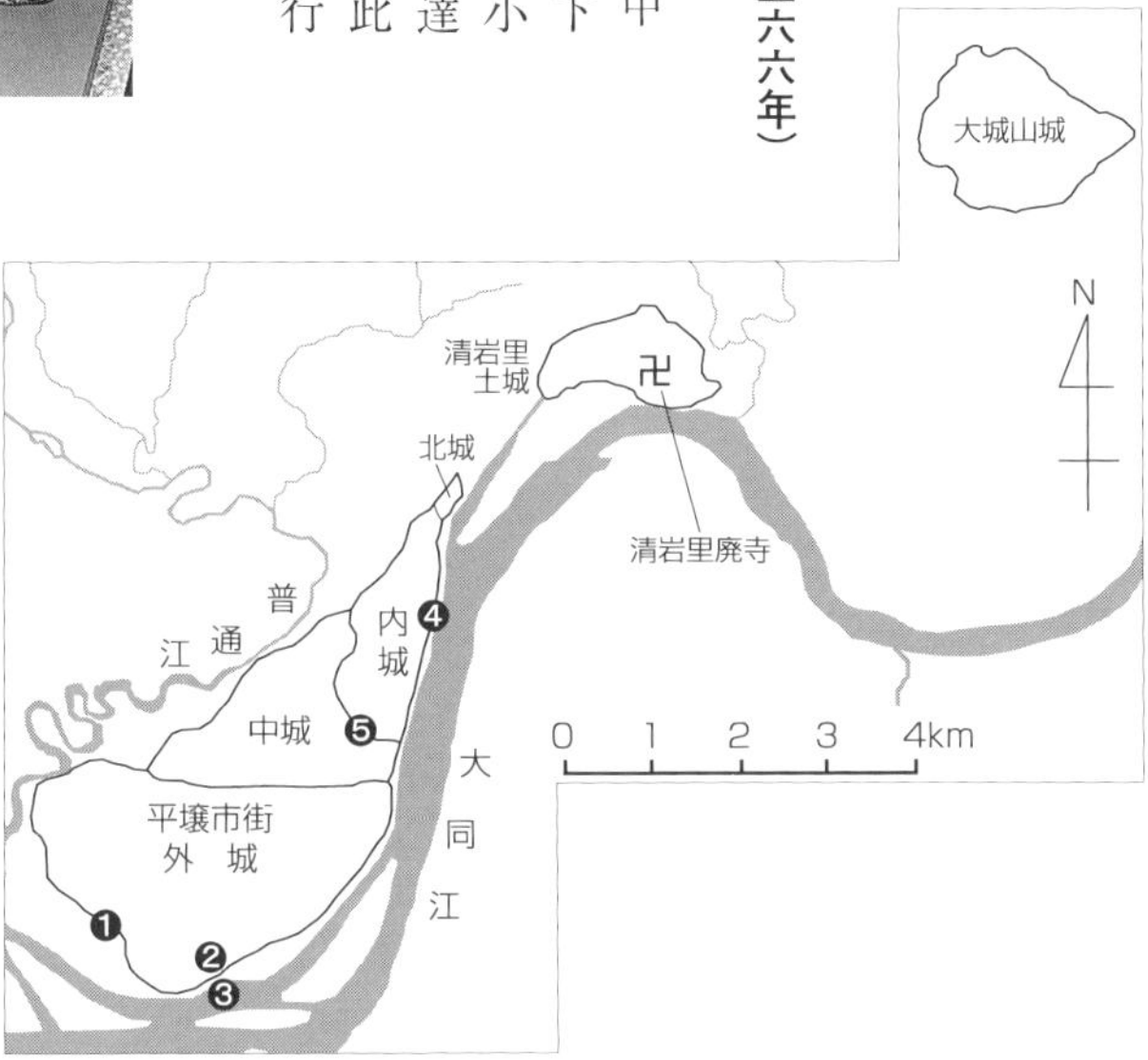

●内容　四二七年、高句麗は平壌へ遷都したが、六世紀中頃に王城の南部に新たな都城・長安城を造営した。城壁石刻は、その工事の監督者名と分担区間（方向・距離）を記したもので、これまで五点が発見されている。同様の築城時の石刻は新羅にも継承され、数種が確認されている。

⑧ 壬申誓記石（新羅／五五二年［六一二年］／韓国慶尚北道月城郡）

●碑文

壬申年六月十六日二人并誓記天前誓今自
三年以後忠道執持過失无誓若此事失
天大罪得誓若国不安大乱世可容
行誓之　又別先辛未年七月廿二日大誓
詩尚書礼伝倫得誓三年

●内容　一九三五年、慶州で発見。自然石に、五行にわたり変体漢文で七四字が刻まれている。二人の青年が互いに身を律するために、三年の間、儒教経典を熱心に勉強することを誓い合った内容が記されている。

3

古代の「言葉」から探る文字の道

日朝の文法・発音・文字

犬飼 隆

ただいま阿辻先生から、〝文字というのはどういう目的で使われたかが大事である〟というお話がありました。そして、それを受ける形で李先生から、〝古代朝鮮ではまず高句麗が中国からの漢字文化を受けとめ、それは政治の道具として非常に重要であった〟ということ、そして、〝新羅がその文字文化を受け継ぎ、新羅が媒介する形で日本へ伝えられた〟という流れをお話しくださったと思います。私はそれを受けまして、日本でそれがどのように受けとめられたかというお話をいたします。

日本で文字を使い始めたのは、二〜三世紀にさかのぼるということが既にわかっておりまして、こうした非常に古い段階の文字使用がどういうものであったか、これはまだまだ議論がございます。この初期の文字に関しては、この後の東野先生がお話になると思います。

日本で文字を盛んに使うようになった理由は、やはり政治の近代化、すなわち中国の律令制度に倣ったような近代的政治の遂行に伴って、文書をつくらないと行政ができないという理由だったことは明らかです。時代でいうと六世紀、欽明天皇あたりから、日本では盛んに文字行政を始めたのであろうと考えられます。

そのときにまずお手本になったのは、百済から日本列島へ渡来した人たちでした。五世紀〜七世紀における朝鮮半島から日本列島への影響関係は、当初は高句麗・新羅・百済のうちでも百済からの影響が非常に強かったようです。例えば、『古事記』には応神天皇の時代に――この応神天皇というのは作り事ですけれども――百済から王仁《わに》[*1]という人が『論語』や『千字文』[*2]を伝えたという記事があります。これはつまり、文字文化の日本への伝来のありようを象徴的に書いているのです。そして、七世紀の終わりごろになると、李先生から説明があったように、新羅からの影響も非常に濃く受けているらしい。そのころには、百済と高句麗は滅亡してなくなっています。そういう流れです。

孤立語と膠着語

さて、その流れの中で日本の文字文化を考えていく場合に、私の専門である言語という面から、ぜひ頭に入れておきたいことがあります。それは、まず、漢字は中国語に則してつくられた文字であるということ、そしてその漢字を朝鮮半島で受けとめて、朝鮮半島風

＊1　和邇吉師。生没年未詳。応神十六年に百済より来朝、『論語』『千字文』を伝え、皇太子の宇治稚郎子［うじのわきいらつこ］は彼を師として諸典籍を学んだという。書首［ふみのおびと］などの祖とされる。

＊2　六世紀前半、中国六朝の梁の周興嗣が武帝の命で作った韻文。重複しない一千字の漢字を使い、四言二五〇句の詩形式に仕立てたもの。書道の手本・識字の教科書として使われ、朝鮮半島・日本など周辺国にも伝えられた。

に使いこなした後、日本へ伝えられたということです。また、朝鮮語と日本語は非常によく似たところと違うところがあり、さらに、この二つの言語と、中国語とでは、かなり性格が違うということです。

　難しい用語を使いますと、中国語は「孤立語」というタイプの文法です。何が孤立しているかと申しますと、単語が孤立しているのです。単語と単語の間には意味の関係でつながりがありますが、文法的なつながりというものは示されない。これが孤立語の性格です。

　例えば、「我」という漢字を書き、次に「打」、その次に「他」と書くと、これで「我打他（Wǒ dǎ tā）」という中国語の文になります。「我は彼をたたく」となるわけです。逆に「他」を先に書いて、それから「打」「我」と書くと、「他打我（Tā dǎ wǒ）」、すなわち「彼が私をたたく」となります。そのように、ここには「我」「他」という二つの名詞と、「打」という一つの動詞がありますが、それをただ並べただけで文になってしまう。意味と意味とのつながりが文をつくっている。これが中国語です。

　ところが日本語では、「我」という字を書いて、それから「彼」を書き、日本語は動詞が最後に来ますので最後に「打」を書くと、これは「我が彼を打つ」とも、「我を彼が打つ」とも読めます。日本語の場合は単語の順番ではなくて、「我が」の後の「が」とか、「彼を」の後の「を」とか、この助詞が文を組み立てているのです。そして、それに従って後に形容詞や動詞のような用言が続くというふうな文法です。これを「膠着語《こうちゃく》語」といいます。

	分類	文例	特色
中国語	孤立語	「我打他」 「他打我」	**語順**で 主語･目的語が決まる
日本語	膠着《こうちゃく》語	「我が彼を打つ」 「我を彼が打つ」	**助詞**で 主語･目的語が決まる

漢字は孤立語である中国語に則してできているので、一つの字が一つの単語にあたります。そして、発音も一まとまりの音、すなわち一音節でできている、そういう文字です。一方、日本語は膠着語で、助詞や助動詞があります。助詞や助動詞は孤立語である中国語にはないので、漢字で書けません。それから、日本語の文を漢字で書こうとしても、先ほどの例のように中国語とは字の順番が違ってきます。

これをどういうふうに処理したかというと、まず高句麗の人たち、そして新羅の人たちが当時の朝鮮語に合わせて漢字を使うための工夫をした。その工夫が日本に伝えられたというわけです。

朝鮮なまりの漢文

◆語順

次に、日本語と朝鮮語の異同について見てみましょう。先ほど李先生からもお話があったように*1、文法としては朝鮮語と日本語は全く同じといってよいでしょう。若干違いもありますが、要するに名詞の後に助詞をつけて、動詞や形容詞にどうつながるかを示していくというタイプの言語です。ですから、現代の日本語と韓国語との学習においても、お互いの活用の規則を覚えて単語を入れかえれば、そのままお互いの言語になります。このように日本語と似た言語を使っていた高句麗・新羅の人たちが漢字を受けとめて、先ほど誓《せい》記体《きたい》という言葉が出ましたが、朝鮮語風の変体漢文、朝鮮風になまった語順の漢文をつく

*1 50頁参照。

った。これが日本列島に大きな恩恵をもたらしました。

このことはいろいろな資料から裏づけられます。たとえば大変よく知られた資料に「壬申誓記石《じんしんせいきせき》」[*1]と呼ばれる変体漢文の資料がありますが、漢文の最初の方を見ると、「壬申の年の六月十六日に二人が共に誓って記す」というふうに、このまま日本語で読めます。つまり、古代新羅の語順は日本語と同じであったということです。

先ほどこの資料に関連して、李先生から「法隆寺金堂薬師如来像光背銘」[*2]の紹介がありましたが、これはかなり漢文に近い字の順番で書いてあり、この流れに直接はつながらないと私は考えています。むしろ朝鮮半島の誓記体は、日本の木簡の類に直接つながってるように見えます。八世紀初めの長屋王《ながやのおう》[*3]家の木簡の例を挙げましたが、それらの木簡の漢字で書いてあるところをみると、「片岡《かたおか》　進《たてまつ》り上《あぐ》る蓮葉《はちすのは》三十枚《みそひら》。持つ人は都夫良女《つぶらめ》」と読めます。裏は、「御薗《みその》作る人の功《くう》の事」、功というのは給料です。「急《と》く々《と》く受《さず》け給《たま》え」、全く日本語の語順で漢字が並べてあります。

恐らく、朝鮮半島の誓記体は行政文書で使われ、同じく行政文書である日本の木簡の類に直接つながりを持っているだろうと考えております。先ほどの「法隆寺金堂薬師如来像

片岡進上蓮葉三十枚持人都夫良女

御薗作人功事急々受給六月二日真人

▶奈良県平城京の長屋王宅跡から出土した木簡。漢字を日本語の語順に並べて書かれている。八世紀前半。（奈良文化財研究所提供）

*1　49頁、65頁参照。

*2　50頁参照。

*3　?～七二九。天武天皇の孫、高市皇子の子。政権の中核として左大臣にまでなり諸政策を実施したが、七二九年謀反の罪で妻子と共に自殺に追い込まれた。漢詩文をよくし仏教の信仰もあつく、邸宅跡からは多くの木簡が出土している。

光背銘」のようなもの、これはちょっとフォーマルな性格がありますので、むしろ漢文に近いようなきちんとした書き方をしている。日本列島ではそのように、文章の性格によって使い分けをする受けとめ方をしたように思います。

◆送り仮名「之」

「壬申誓記石」の三行目から四行目にかけて「可容行誓之（可容《よろしく》行わんことを誓《ちかう》之）」とあります。この「之」という字は、漢文の要素として使われているのではありません。当時の新羅の言語の、動詞の終止形語尾、これが「し」あるいは「じ」という発音だったようで、その発音をあらわす文字であり、送り仮名の機能を持っていると推定されています。朝鮮半島でみつかっているほかの変体漢文では、名詞の後にもこの「之」という字をつけることがあります。日本語で、漢語の後に「だ」、古典では「なり」をつけることがありますが、この、「私は学生だ」の「だ」に当たるような使い方をしていました。発音もなくて、ただここで文が終わるという意味を持ったようです。

　この送り仮名のように使われる「之」も日本に伝わっており、例えば滋賀県の森ノ内遺跡から出土した有名な手紙の木簡があります。その木簡を頭から読んでいくと、「椋《くらの》直《あたい》伝う。我が持ち往く稲は馬得《え》ぬ故《ゆえ》に我は反《かえ》り来《き》ぬ。故《かれ》

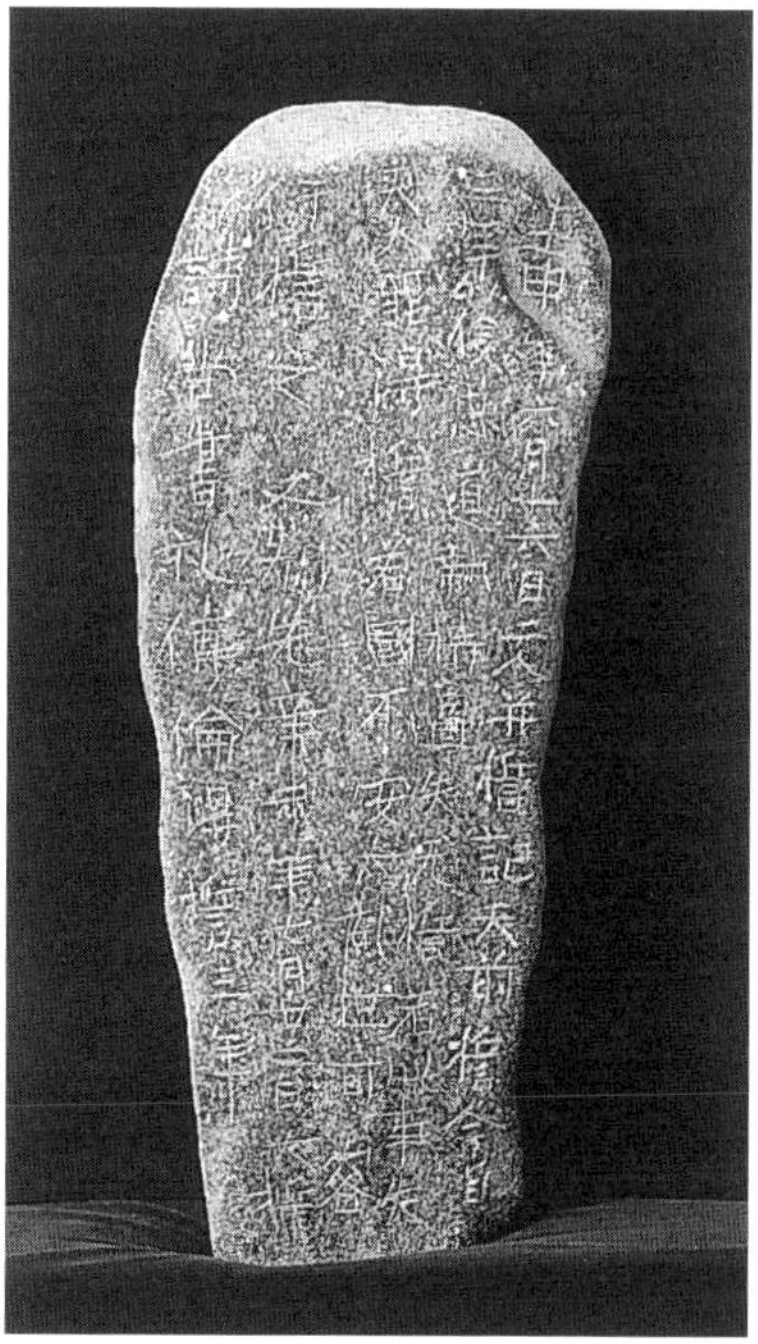

◀壬申誓記石。一九三五年、新羅の古都慶州から出土した。冒頭の「壬申年」は五五二年または六一二年と考えられる。（韓国・国立慶州博物館）

椋直伝之我持往稲者馬不得故我者反来之故是汝卜ア

自舟人率而可行也　其稲在処者衣知評平留五十戸旦波博士家

▶滋賀県西河原森ノ内遺跡出土の木簡。漢字を日本語の語順に並べて書かれている。官衙の下級役人によって書かれた手紙で、稲の運送をめぐる内容。七世紀後半の資料。（中主町教育委員会提供）

ここに汝卜部《なんじうらべ》…」というふうに話が続いていきます。最初の「椋直《くらのあたい》」とある「椋」が、[*1]先ほど李先生の報告にあったように高句麗の造字をそのまま日本で受け継いで使っているものです。「椋直」は氏族名です。その次の「伝」の字を「伝う」という動詞に読み、次の「之」は読まず、そこで文が切れることを示します。今でいう句点の「。」ということです。このように、かなり直接的な影響がみられます。

◆補助動詞「賜」

「賜」という字は、中国語では「賜う」という動詞です。しかし、古代の朝鮮半島では日本語の「です」「ます」にあたる補助動詞があり、それに「賜」を応用して使っていま

＊1　42頁参照。

＊2　『日本書紀』に続く勅撰の歴史書。六九七年（文武元）より七九一年（延暦一〇）までを編年体で記す。七九七年に四〇巻が完成。

＊3　本来は「天皇が詔を宣布する」の意で、のちに天皇が臣下にくだす言

す。その用法が日本に影響を与えた例として有名なものが、例の「法隆寺金堂薬師如来像光背銘」です。ここに天皇のことを指して「大《おお》御《み》身《み》労《いたづき》　賜《たまい》時《しとき》」というふうな表現があります。「労」の字は「いたづき」と読み、「病気におなりになった」ということです。ここでの「賜」という字は偉い人が「何かをくださる」という動詞ではなく、「何々をなさった」という尊敬の補助動詞に使っています。

ただ、おもしろいことに、この「賜」の字は、日本列島では次第に「給」の字に変わっていきます。先ほどの長屋王家の木簡でも「急く々く受け給え」の「給え」は「給」の字を使っています。この二つの字、意味は補助動詞の「たまう」ということでだいたい同じですが、日本では『古事記』や『続日本紀《しょくにほんぎ》』[*2]の宣命《せんみょう》[*3]のようなちょっとフォーマルなものでは「賜」を使い続け、木簡の類ではほとんど「給」の字に変わります。この変化の理由には、「給」の方が字が簡単だということがあると思います。朝鮮半島では、「賜」という字は音読みが「し」で、朝鮮半島の動詞終止形語尾の「じ」に近いので使いやすかった。ところが、日本ではそういうふうに読まず、訓で「たまう」と読むので、同じ条件であれば簡単な字の方がいいということです。このあたり、朝鮮半島と日本の違いの一面です。

葉そのものをさす。日本語文の構造を取るが、語句はすべて漢字の音訓を借りて表記され、語尾や助詞などは万葉仮名を使って小字で記される。この文体を宣命体と呼ぶ。現存する最古の宣命は文武天皇即位（六九七）の宣命にはじまる『続日本紀』の六二編。

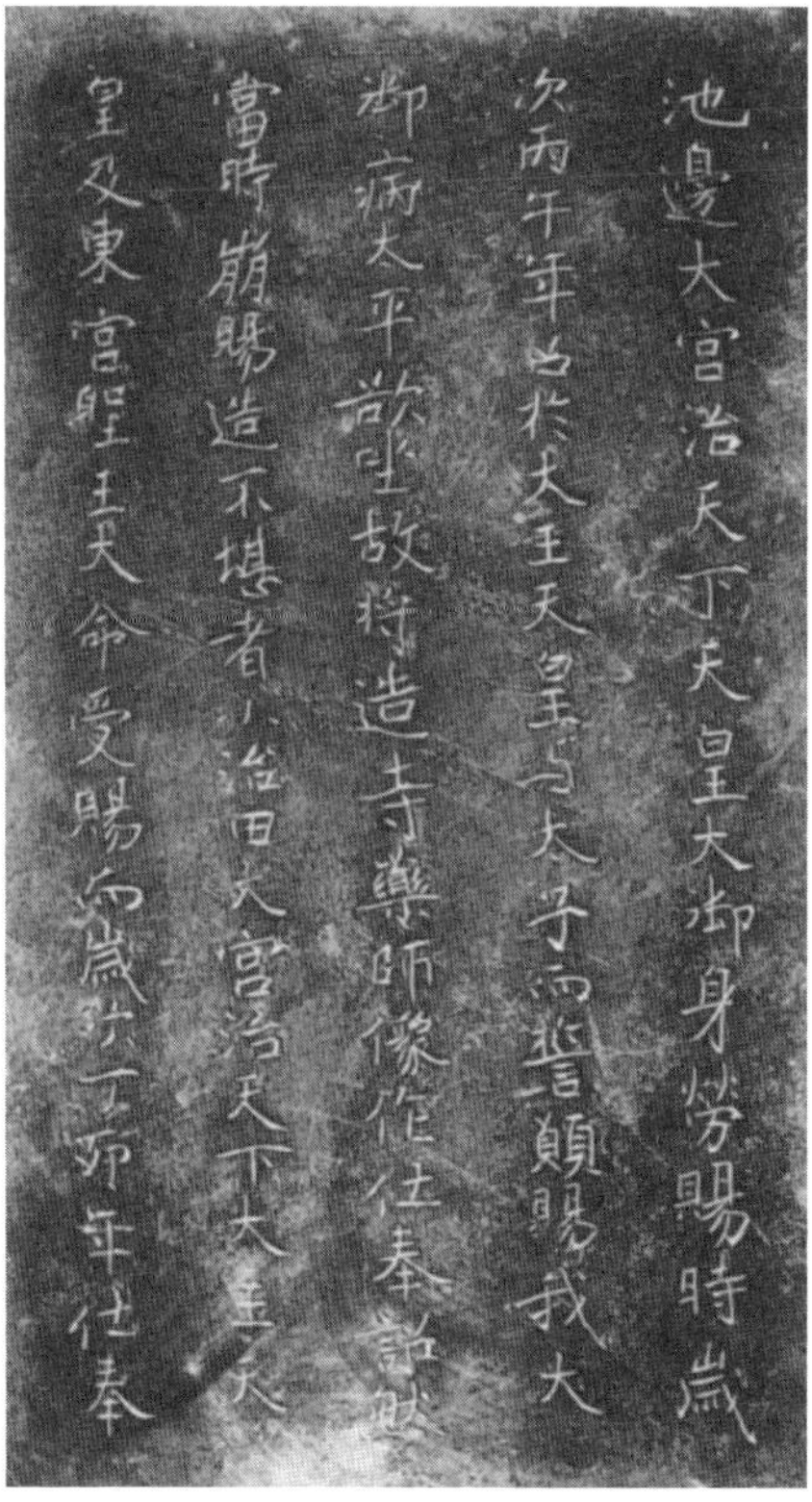

▲法隆寺金堂薬師如来像光背の銘文。最終行には年紀「丁卯年」（推古十五〈六〇七〉）がある。ただし、像は白鳳時代の仏像とされており、銘文年紀とは年代が合わない。この銘文も七世紀後半、法隆寺再建時の文章かといわれている。（法隆寺蔵）

発音から見た日本語と朝鮮語

ここまでは、中国語と日本語とは文法が全然違っていたけれども、日本語とよく似た文法の朝鮮語に合わせて変体漢文がつくられたおかげで、漢字を日本語に取り入れることができたという話をしてきました。次に、朝鮮語と日本語では非常に違うという側面に触れます。それは発音の仕方がかなり違うということです。

◆開音節と閉音節――日本語は母音で終わる

難しい言葉を使うと、開音節《かいおんせつ》・閉音節《へいおんせつ》という用語がありますが、日本語は典型的な開音節です。開音節というのは、発音が母音で終わらないと気が済まない。ですから、英語の「cat」の発音は、[kæt] なのですが、日本語で受けとめると「キャット [kjatto]」になってしまうわけです。子音の [t] で発音が終わるとどうも気持ちが悪い。そこで、英語発音にはなかった母音をつけて「キャット [kjatto]」にする。これは日本語のくせです。

しかも、日本語の場合それが非常に徹底しており、子音と母音が一つずつ順番に並ばないと気が済まない。二つ子音が並ぶなんてことは、どうもよろしくない。例えば、英語で「street [striːt]」という単語がありますが、[str] のように子音が三つ並ぶなんてことは日本語では絶対できない。ですから、「street」は外来語にしますと「ストリート」と、「s」が「ス [su]」になって、「t」が「ト [to]」になって、そして「リート [riːto]」がつくというふうなことがあります。

日本語のこうした性格は、どうやら非常に古くからのものだったようです。中国の歴史書『魏書』の、一般に「魏志倭人伝」[*1]と呼ばれている記事の中に、その証拠があります。三世紀の日本列島にあたる地域を「卑彌呼」という女王が治めていたという記載部分に、「卑彌呼」「鄙守り」「耳成り」もしくは「耳垂り」という人名などが見えますが、「ひ［hi］[*2]・み［mi］・こ［ko］」「ひ［hi］[*2]・な［na］・も［mo］・り［ri］」というふうにやはり子音と母音が一個ずつ順番に並ぶ現在の日本語と同じような発音をしていることがわかります。ちなみに「鄙守り」は地方を守る行政官、「耳成り」（もしくは「耳垂り」）は現在の福耳のことであろうとされています。単語の順番も「鄙を守る」「耳が成る」ですので、動詞の前に主語や目的語が来るタイプであっただろうということも推定できます。そういうことで三世紀ごろの中国の歴史書に記録されている日本語は、どうやら現代の日本語と性格が同じようなのです。

さて、それでは朝鮮半島ではどうだったかということですが、現代の朝鮮半島で話されている言語は典型的な閉音節、つまり発音が子音で終わるのが普通なタイプです。これが、日本語と朝鮮語は同じ系統の言語ではないかという議論の中で非常に困っている点の一つで、どうしても説明がつかなかったことです。

けれども、だんだんわかってきておりますのは、現在韓国や朝鮮民主主義人民共和国で使っている言語は、いずれも、高句麗・百済・新羅の中では新羅の言語の子孫だということです。研究が進むにつれ、新羅の言語は閉音節、発音が子音で終わるのが基本で、一方、高句麗と百済の言語は母音で終わっていた可能性がある、ということがわかってきて

*1　魏・呉・蜀の三国（二二〇〜二八〇）を扱う中国の正史『三国志』の一書、『魏書』の記事にある東夷伝倭人条のこと。「魏志倭人伝」は通称。

*2　ただし当時ハ行の子音は［P］か［F］だったと推定されている。

います。

『梁書《りょうしょ》』[*1]の百済に関する記事に、

今言語服章略与高麗同

（今、言語、服章、略《おおよそ》高麗と同じ。）

とあり、使っている言葉が百済と高句麗では大体同じで、服装も同じようなものだというふうに記載されています。さらに、高句麗と百済は扶余《ふよ》族[*2]、新羅は韓族[*3]で、民族的にもどうも違っていたらしい。この韓族の系統の新羅語が現代の韓国語につながっているので、現代の韓国語と日本語は非常に違っているように見えるし、発音も違っているように見えるのです。

しかし、韓国の研究者たちには、どうやら百済・高句麗の言語は、古くは発音が母音で終わるタイプで、それが日本との交流が始まる時代には、だんだんと新羅語と同じような、発音が子音で終わるタイプに変化しつつあったというふうに考えている人がいます。日本語が古くは高句麗や百済の言語と近親関係があったとすれば、これらは発音が母音で終わっている、いわゆる開音節であった可能性があります。

では、古代の朝鮮半島でどういう発音をしていたか、どうしてわかるのでしょうか。こうした研究には『三国史記』[*4]という高麗[*5]時代の本が基本になります。一一四五年に書かれた本ですが、その中に書かれている地名を探すのです。地名の表記というのは古来の書き

＊1　中国南朝の梁（五〇二〜五五七）について書かれた正史。五六巻。陳代に編纂が開始され、唐代に完結した。

＊2　前一世紀頃〜後五世紀末（四九四年）中国東北地方に存在したツングース系の国家「扶余国」の支配種族で、遊牧狩猟民にルーツを持つ。

＊3　古代朝鮮半島の西南部に居住した農耕部族。新羅・任那・百済以前の三世紀ころの朝鮮半島は、三つの韓族の国「馬韓」「弁韓」「辰韓」が並立していた。

＊4　新羅・高句麗・百済の歴史を紀伝体で編纂した現存最古の朝鮮の正史。五〇巻。

＊5　朝鮮半島の王朝（九一八〜一三九二）。地方豪族である王建が建国した。新羅を併合したのち、各地の豪族を統合、唐・宋の制度にならった国家の建設をめざした。李氏朝鮮の成立により滅亡。仏教がさかんで、青磁でも名高い。

方を守っている場合があるからです。この高麗時代の本に、新羅時代の地名が書いてあって、その新羅時代の地名の中には百済や高句麗の時代の書き方を保存しているものがある。それが資料になるということです。

たとえば『三国史記』に、高句麗について「買忽一云水城」という記述があります。これは、新羅で「水城」という名で呼んでいる地名を、高句麗では「買忽」と呼んだ、という意味です。この「買忽」の二字が発音を示しており、[mai χor] というふうに発音していたということがわかります。このような資料で調べてゆくと、どうやら百済や高句麗の地名に、発音が母音で終わるものが固まって出てくる。そういうのが根拠になっています。

◆古代日本の新しい母音「エ」

さて、日本と朝鮮半島では、もう一つ、母音が違っていました。八世紀の日本ではどんな母音が使われていたかというと、まず「イ」が二つ。甲類と乙類で区別しています。それから、「ウ」が一つ。「オ」がやはり甲類と乙類で二つ。それから、「エ」が甲類と乙類で二つ、最後に「ア」で、全部で八つです。八世紀の日本では、母音としては発音の種類が八つありました。

では、それと対応する七〜八世紀ごろの朝鮮半島ではどうだったかというと、先の『三国史記』、さらに『三国遺事』[*1]というもう少し後の本がありますが、そこにある固有名詞の中で新羅時代のもの、百済時代のもの、高句麗時代のもの、それぞれを分析することに

*1　高麗の僧、一然が編纂した朝鮮古代史に関する外史（民間でつくられた歴史記録）。前半は朝鮮古代史全般の異聞・伝説を、後半は仏教関係記事を収める。一二八〇年頃完成。

よって古代の朝鮮半島の言語の発音がわかってきます。それを表に整理したものを示しました。作表したのは、李崇寧[*1]という、日本でいうと橋本進吉[*2]にあたる非常に偉い方だそうです。

表は、『三国史記』や『三国遺事』の中で古代の地名をあらわすために使われている漢字を、日本の万葉仮名と同じように発音別に表にしたものです。一番上の母音字を左から右に順に見ていくと、日本式に読めば「ア・オ・ウ・ウ・イ」となります。その下の「k」「g」の段は、「カ・コ・コ・ク・キ」となります。その次は「ナ・ヌ・ネ」です。このように見ていくと、なるほど日本の万葉仮名は、朝鮮半島の漢字の表音的な用法をまねたのだということが一目瞭然です。

ここに掲げた表で「1」「2」「3」「4」「5」となっている部分、李崇寧先生の論文では古代の朝鮮半島での発音はこうであったろうという推定音が記入されていますが、この表にはわざと書かないでおきました。今読みましたように、同じ字を日本で万葉仮名として使いますときは、「1」の行は大体母音が「ア」です。「ア・カ・ナ・タ・ラ・マ・ハ・カ・サ」というふうに使います。「2」の行は「オ・コ・コ・セ」というふうに使います。

	1	2	3	4	5
母音字	阿	於	烏吾	于	伊耳
kg	加	居巨	古	仇	只
n	乃奈		奴		尼
td	多		刀都	豆	知
rl	羅		老		里利
m	馬		毛	武	未彌
p	波巴		甫	夫富	比
c			助	主	文
h	河	許虚		厚	
s	沙	西	所	首	時

▶『三国史記』『三国遺事』の地名表記の語頭に用いられた字の一覧表。李崇寧「新羅時代の表記法体系に関する試論」(『ソウル大学校論文集』人文社会科学第2輯、一九五五年)より。安玲熙氏の訳による。

*1 一九〇八～一九九四。ソウル生。京城帝国大学朝鮮語文学科を卒業後、同大学教授、ソウル大学教授、ソウル大学大学院長を歴任。言語学の立場から系統論および音韻論研究に大きな功績があった。主著に『中世國語文法』『母音調和研究』『國語學論總』など。

「3」の行は「ウ・コ・ヌ・ト…」、そして「4」の行が大体「ウ・ク・ツ・ム・フ・ス…」、「5」の行が「イ・キ・ニ・チ・リ・ミ…」などとなります。

しかし、朝鮮半島と日本では、発音のずれもあります。ここで「2」の行の上から二番目、「居」という字にご注目ください。これはこの表の理屈で申しますと、古代の朝鮮半島では母音「於［o］」の類にあてていたことになります。日本でも『日本書紀』に「居」の字を使って、「居等《こと》」という単語を書きあらわし、「コ」にあてた例があるのですが、実はそれ以前に「居」の字は「ケ」の発音にあてているのです。稲荷山古墳の鉄剣の銘文で「乎獲居臣《をわけのおみ》」というのがありますが、その「乎獲居《おわけ》」の「け」は「居」で書いています。それから、『日本書紀』の欽明天皇六年の記事に「彌移居《みやけ》」とあります。ここは百済の書物を引用している部分です。

朝鮮半島では「オ［o］」の類にあてられている字が、日本列島では「ケ」にあてられている。これはどういうことかというと、「ケ」の「エ」のような母音そのものが三世紀から五世紀にかけて新しく日本語の中に登場してきた。この新しくできてきた母音を朝鮮半島の人が聞くと、日本人の耳とは違い自国語の「オ」の類に聞こえてしまったんだろうと考えています。「西」

辛亥年七月中記乎獲居臣上祖名意富比垝……

◀埼玉県稲荷山古墳出土鉄剣の銘文（表［おもて］面・部分）。漢文に仮借で固有名詞が書かれている。（埼玉県立さきたま資料館蔵）

＊2　一八八二〜一九四五。大正〜昭和前期の国語学者。東京帝国大学教授。上代特殊仮名遣いを再発見した。橋本の文法論は文部省の教科書に採用され、学校文法として広く受容された。

を日本列島では「セ」にあてているのも同様の事情でしょう。これは、たとえばわれわれ日本人が英語の「R」と「L」の聞き分けが難しいのと同じような現象です。

◆二種類あった日本の「イ」

続いて「5」の行の真ん中あたり、「未」「彌」という字があります。これは両方とも「ミ」という発音をあらわしていますが、先ほど御紹介した八世紀の日本の発音としては「未」は「ミの乙類」、それから「彌」は「ミの甲類」で、音として区別されていました。たとえば「身」の「ミ」は乙類[*1]で「見る」の「ミ」は甲類でした。日本列島にはあったその区別が、朝鮮半島にはなかったということになります。

◆「天壽國曼茶羅繡帳銘」の謎

最後にもう一例、「天壽國曼茶羅繡帳銘《てんじゅこくまんだらしゅうちょうめい》」を挙げておきます。聖徳太子関係の遺物の一つで、刺繡をした立派な旗のたぐいに文章が書かれています。

その文章に「妹名《いも》等已彌居《とよみけ》加斯支移比彌《かしきやひめ》乃彌己等《のみこと》」というのが出てきます。そのときの「等已彌居」の「居」が先ほど紹介した朝鮮半島なら「コ」にあてる字を「ケ」にあてている例。そして、その下に「加斯支移比彌《かしきやひめ》」とありまして、「ひめ」の「め」が「彌」で書いてあり、その次の「乃彌己等《のみこと》」の「み」がまた同じ字であててあります。ですから、日本語でいう「メの甲類」と「ミ」との区別がないわけです。

日本で書かれた旗の文章に、この区別がないのはなぜでしょうか。

*1　身体の意味で「むくろ」という単語がある。これは「身」の意味の古語が「ム」であったことの名残りと推測される。このように、乙類の「イ」は「ウ」から変化してできたと考えられている。

▲天壽國曼荼羅繡帳は、聖徳太子が逝去した622年に、妃の橘大郎女［たちばなのおおいらつめ］が太子の浄土に住む姿をしのんでつくらせたといわれる。断片が中宮寺に現存しているが、この部分の文章は失われ、8世紀に書かれた『上宮聖徳法王帝説［じょうぐうしょうとくほうおうたいせつ］』に引用されて伝えられている（写真は『上宮聖徳法王帝説』の該当部分）。（知恩院蔵）

実は、図版で掲げた部分の末尾に、この文章をだれが書いたかということが記されています。左から三行目の行末から「東《やまとの》漢《あやの》末《まる》賢《けん》」と読むのだと思いますが、それから「高《こ》麗《まの》加《か》西《せ》溢《い》」、また「漢《あやの》奴《ぬ》加《か》己《こ》利《り》」、こういう人たちが書いた。「漢」や「高麗」は渡来人を示す氏姓です。つまり、朝鮮半島からやってきた百済や高句麗の人がこの文章を書いているので、「ミ」と「メ」の区別もないということです。

これは、まだまだこれから研究を要することでありますが、こうしたすれ違いがありながら日本の仮名のもとである万葉仮名は朝鮮半島の漢字の表音的な用法をまねして成立していったのです。（拍手）

COLUMN

七世紀の万葉仮名

平仮名・片仮名の源流

犬飼　隆

近年、七世紀の木簡が大量に出土し、七世紀後半に日常ふだんの場で使われていた万葉仮名の実態が明らかになった。その特徴は次のようにまとめられる。

①古い時代の漢字音をもとにしている。
②字体の簡略なものが多い。
③発音の清濁の別を書き分けない。
④漢字の訓を借りた表音的用法、すなわち「訓仮名」が、音を借りて発音をあらわす「音仮名」と、区別なく使われる。

これらすべてに朝鮮半島からの影響を想定することができる。

典型的な例として奈良飛鳥池遺跡から出土した木簡を示す（木簡学会『木簡研究』第二一号）。

・止求止佐田目手和□
・羅久於母閉皮

「とくと定《さだ》めて我《わ》（が想ひ…逢へ）らく思《おも》へば」のような恋歌を書いたものであろう。

まず①に関して、一、三字目の「止」は「古韓《こかん》音《おん》」によって「ト」の発音をあらわしている。中国の二、三世紀の漢字音「上古《しょうこ》音《おん》」が朝鮮半島経由で伝えられたと言われるものである。呉音・

漢音の「シ」の音では「ト」をあらわすことができない。末尾の「皮」は「波」などの略体とみることもできるが、これも古韓音で「ハ」をあらわした可能性があると筆者は考えている。これらは「等」「波」と比べて②の特徴にもあてはまる。漢字を略体で使うことの朝鮮半島からの影響については本書の著者の一人である東野治之の指摘（『漢字講座5古代の漢字とことば』「金石文・木簡」明治書院一九八八年）がある。また「皮」は接続助詞「ば」を書きあらわしているので、「ハ」の万葉仮名を「バ」の発音にあてたことになり、③の特徴にもあてはまる。五字目の「田」も同じである。日本語の清濁は現代の朝鮮語・韓国語と対応しないが、古代の言語も同じであったとすれば説明が整合する。

そして④に関して、五～七字目の「田目手」は「定めて」の「ダメテ」にあたり、漢字の意味を無視し訓の発音を借りた表音的用法である。八世紀の文献、たとえば『古事記』は、漢字の訓は語をあらわし、万葉仮名は音で使うように用法を整理している。『万葉集』の後期の歌も同じである。

この特徴についても朝鮮半島との関係を指摘したい。七世紀までに朝鮮半島から伝えられた漢字の表音的用法は訓と音のいずれによるかを仕分けしていなかったのではないかと推測する。

韓国の研究者が『三国史記』などによって古代語を再現しようとするとき、同じ固有名詞を漢字の訓と音とで書いたものが手がかりになる。そのとき、その字が訓によっているか音によっているか、さらに、漢字本来の意味を兼ねた用法か否か、判断がわかれることがあるという。

それは、それらが一つの語の発音を漢字で書くときに訓と音を交えているからである。たとえば新羅の始祖「赫居世《ひょっこせ》」の名は今では全体に音よみするが、『三国遺事』の「赫居世王」の注に「蓋郷言也、或作弗矩内王、言光明理世也」（方言、弗矩内王とも書く、照らす〔治める〕世の意）とある。「弗矩内《ぼるこな》」が「赫居世」と同じ発音ということになり、古く「赫」「世」は「ポル」「ナ」のような訓でよみ「居」は「コ」のような音でよんだのである（李基文『韓国語の歴史』藤本幸夫訳）。

七世紀の万葉仮名は、たとえば「止」が「と」「ト」の字源になったように、二百年を経て平仮名・片仮名に直接つながるものがある。「へ」も、フォーラムでふれたとおり、「部」の略体「阝」を訓よみしたものをくずしたのが字源である。

日本語の文字、仮名。古く朝鮮半島に学んだ表音表記がその源流であった。

▲奈良県飛鳥池遺跡出土木簡。朝鮮半島からの影響が想定される表記が見られる。７世紀後半。（奈良文化財研究所提供）

4

古代日本の文字文化

空白の六世紀を考える

東野治之

ご紹介いただいた東野です。本日は七世紀ぐらいまでを中心に話をさせていただきます。テーマは二つありまして、一つは日本で出てくる初期の文字資料をどう考えるかということ、これは感想にとどまるかとは思いますが、それを少し考えてみたいと思います。それからもう一つは、七世紀までの文字資料を考えた場合に、六世紀代の資料がいまのところ非常に少ないという問題です。すなわちこの空白の六世紀をどう評価するか、というテーマについて、聞いていただきたいと思います。

（次頁注）

＊1　福岡県の博多湾にある島。現在は海の中道「なかみち」とよばれる砂州で九州本島と繋がっている。一七八四年、島の西南部で「漢委奴国王」の金印が発見された。これは一世紀中頃、後漢の光武帝が奴国の使者に授けたものと考えられ、中国の史書『後漢書』には、「建武中元二年、倭奴国奉貢朝賀、使人自称大夫、倭国之極南界也、光武賜以印綬」とある。『後漢書』や「魏志倭人伝」の記述から、奴国は現在の博多湾岸を中心とする福岡市北部に比定されている。

初期の文字資料

◆文字か記号か

最初に、近年いろいろ話題になった、いわゆる初期の文字資料についてどう考えるかということから始めさせていただきたいと思います。

もう数年前になりますが、三世紀前後の遺跡から文字を書いた遺物が相次いで出土しました。今回の歴博の展示で多数の実物を見ることができます。そうした資料のひとつに、三重県の嬉野《うれしの》町で出土した土器があり、調査者から遺物の評価についての相談を受けました。それ以来、こうした資料をどう考えたらよいのだろうと、いろいろ悩んできました。

その資料を見て最初に思ったのは、これは文字の歴史というものがすっかり変わるかもしれないということです。この時期の文字資料は、*志賀島《しかのしま》の金印などもあるわけですから当然出てきてよいのですが、嬉野町の資料は土器に墨で書かれたものでした。となると、少し意味が違ってきます。大陸から海を越えて渡ってきたとかいうものではなくて、日本の列島の中で書かれたものであり、しかも土器に書かれている。そういうことになると、先ほども「だれに対して」「何のために」が問題だという話がありましたが、まさにそういう疑問が出てくるわけです。少なくともかなり一般的な不特定多数に向けて書く意味があったかもしれない。

この土器を科学的に分析して、墨で書かれているのかどうかがまず問題になりました。

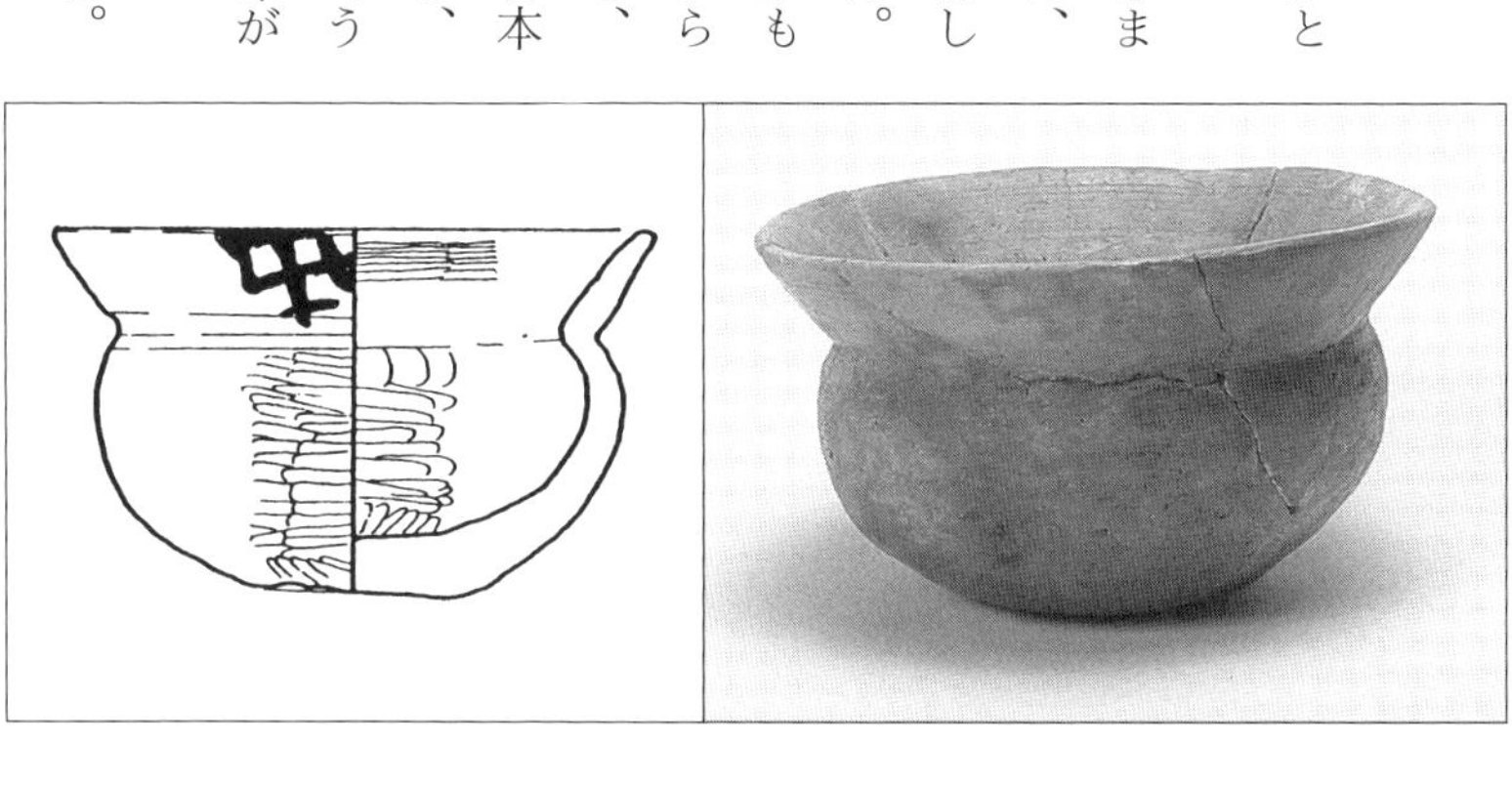

◀三重県片部遺跡で四世紀初頭の流水路から出土した小型丸底土器。口縁部に「田」とも読める墨跡が見える。（嬉野町教育委員会提供）

しかし、分析で出てくるのは炭素が付着しているかどうかというだけです。土器を作るとき、使うとき、いろんな要因で炭素は付着するでしょう。それに、例えばイカのスミであってもそれは炭素として検出されます。そんなわけで、墨で書いた、筆で書いたということはなかなか立証できません。

この時代の文字資料の場合、最終的にはやはり肉眼で見て、それを字と認めるのか、記号と認めるのかということが一番の問題になります。これは後の時代の資料についてもいえることですが、何かが文字として発見された場合に、これは文字なのか記号なのか、当然そういう質問の立て方があり得ます。特に初期のものだから、文字として書いたものではなくて、何か記号として書いたものかもしれない。そういうことでまず悩んだのです。結局、文字と記号とはどう違うんだろうというところまで考えていきますと、両者の区別は思っているほど簡単ではないということがあり、行き詰まってしまったというのが本音です。

◆史書に見る日本の文字使用状況

その問題を考えるヒントとして、中国の文献からどんな情報が導けるか、いくつか見ていきたいと思います。例えば「魏志倭人伝」[*1]という記録は、三世紀の日本を考える一つの手がかりになります。そこに、文字について何か書いていないか見てみましょう。

当時の日本で、文字を積極的に使用していたと考えると、例えば中国から使者が皇帝の詔を持って日本列島までやってきている、とすれば、それを当然理解しただろう、それに

＊1　75頁の注参照。

対する返書も書かれただろう、ということになる。ところが、その辺のことは「魏志倭人伝」には明確には書いてありません。

「倭人伝」と非常に関係の深い史料として、やはり三世紀の日本のことを書いた史料に『魏略《ぎりゃく》』*1という本があります。魏の時代の歴史を書いた本ですが、現在は部分的にしか残っておらず、寄せ集めて復元されています。その『魏略』の中には日本の文字の使用状況についてのヒントになるような記述があり、ずっと昔に津田左右吉《そうきち》*2という有名な学者がこの点に着目して、主著の『日本古典の研究』*3で取り上げています。『魏略』によると、その国の風俗として

　其俗不知正歳四時、但記春耕秋収為年紀

（其の俗、正歳四時を知らず。但《ただ》春耕秋収を記して年紀となす。）

とあります。「正歳四時」、これは四季のことです。そして、春に耕して秋に収穫する、それを年の目印、年紀としている、そういう一行があるのです。津田さんの関心は『古事記』『日本書紀』に書いてあるような記録が、いつごろから日本で蓄積されだすのかというところから出発しているのですが、この記述を津田さんは取り上げまして、魏の段階＝邪馬台国の段階においては、日本では文字で記録することは行われていなかったのだろう、という結論を出しています。

津田さんのこの発言は、文字の歴史に関する議論の中での記述でなかったために、その後あまり取り上げられなかったのですが、この『魏略』の記事が信じられるとすれば、津

＊1　晋の魚豢によって著された、中国三国時代の魏に関する史書。原本は現存しない。いわゆる「魏志倭人伝」が収録されている『三国志』の『魏書』の注に、その逸文が多く記載されており、『三国志』の基本史料のひとつだったと考えられる。

＊2　一八七三〜一九六一。歴史学者。早稲田大学教授。徹底的な史料批判に基づく日中思想史・日本古代史研究を行った。記紀神話の文献学的研究で知られる。太平洋戦争中に記紀批判的な古代史研究が大逆思想とされ、有罪判決を受けた。

＊3　『日本古典の研究　上下』（『津田左右吉全集』1・2、一九六三年、岩波書店）

田さんのような結論にならざるを得ないだろうと思います。季節を知らない、それは暦がないということになるわけです。暦がないということは、年月をきちんと立てていくような記録は当然つけられない。ですから、何かあったとしても非常に原始的な記録でしかあり得ないということになります。津田さんのいうように、三世紀は、自在に漢字を使って記録していくという段階ではなかったと考えざるを得ません。

◆『日本書紀』の暦法

中国の歴史書の中身をどの程度信頼するかということにもかかわるのでなかなか難しいのですが、暦ということでいうと、日本において中国からの暦を使って記録をし始めた時期は、一応見当がつけられております。

『日本書紀』に書かれた日付を整理して見直した天文学者、小川清彦[*1]の分析によると、だいたい五世紀の後半を境にして、もとになっている暦が違うそうです。つまりカレンダーをつくるにはそれぞれ理論がありまして、それに基づいてつくるわけですが、その理論が時代によって違っている。ある理論でつくった暦が、ある王朝で採用されてしばらく続く。王朝が変わったりすると、次の別の理論でカレンダーがつくられる。そのため、少しずつ計算方法が違ってきて、計算結果が違ってくる。そうした計算方法を当てはめていって調べるわけですが、こういう暦の理論を暦法《れきほう》といいます。

例えば中国南北朝時代の宋の暦法でつくると、それがまさに『日本書紀』の五世紀後半以降の暦になってくる。もう少し具体的に申し上げないとわかりにくいかもしれません

＊1　一八八二〜一九五〇。天文学者。東京天文台勤務。天文暦学史に関する種々の研究を発表、「日本書紀の暦日に就て」（昭和二十一年）において日本神武紀元を全面的に研究し直し、神武紀から五世紀半ばまでは儀鳳暦平朔、以降持統紀までは元嘉暦によって日本神武紀元を解釈する新説を立てた。遺著に『古天文・暦日の研究』（斉藤国治編、皓星社、一九九七年）がある。

が、そういう暦法の違いに注目して計算結果を出し、『日本書紀』の暦法を研究していくと、今いったように五世紀後半が一つ節目になっているらしいのです。

五世紀より前にも暦の日付は出てきます。『日本書紀』だと神武天皇以来、「何年にどういうことがあった」と書いてある。その神武天皇から五世紀後半までの暦がどう組み立てられているかというと、これは唐代の七世紀終わりごろに日本に採用された暦法で計算されています。古い時代の暦なのに、理論の方は新しい、『日本書紀』が成立した時代の現行暦法で計算されているのです。この点は第二次大戦中にわかっていたのですが、そのころは発表できず、戦後になって発表されました。

こうしたことから考えても、五世紀後半あたりが記録のつくられだす一つの節目にあたると思います。つまり、五世紀後半に中国の暦法に基づくカレンダーができ、記録が集積されていく。しかしそれ以前には、大和朝廷での記録のつくり方がまだそこまでいってなかったのだろうというわけです。やはり本格的な文字の受容、すなわち漢字の受容は五世紀代ぐらいと考えるのが妥当なのではないか思います。

◆初期の文字資料の評価

話を戻しまして初期の文字資料について考えますと、例えば、硯や筆が遺跡から出てくるというのは、確かに文字を考える一つの材料です。しかし、墨や硯、筆などは絵を描くときにも使う道具であり、それらが出土しただけでは絵を描いたか字を書いたかは区別できないわけです。さっきの李さんのお話にあったように、小刀が出ているなどということになりますと、やはり文字を書く道具として使っていた可能性が高くなってくると思いますが、炭素がついているか、筆や墨があったかというだけでは、文字の使用について断言できない。そういう難しさがあると思います。

結論的には、後ろ向きといいますか、かつての説に戻っていくことになりますが、弥生・古墳時代にさかのぼる古い時代の文字資料というのは、散発的に、一〜二文字が書かれたのであって、まとまって何かを伝えようというものではないのではないかというのが、私の今の考えです。

六世紀を考える——仏教の果たした役割

◆「木を刻み縄を結ぶ」

もう一つが六世紀の問題です。冒頭に挙げた「六世紀の文字資料が少ない」という点について、これも中国の歴史書である『隋書』[*1]倭国伝を見てみましょう。『隋書』倭国伝は、日本と外交関係があった隋[*2]で、当時収集した資料に基づいて書かれたものです。

その記述によると、

無文字。唯刻木結縄。
(文字無し。唯《ただ》木を刻み縄を結ぶのみ。)

とあります。漢字はなかったということです。そして、木を刻んで印をつける。それか

*1 隋についての全八十五巻からなる正史。唐代の編纂。

*2 中国の統一王朝(五八一〜六一八)。都は大興(長安)。南朝の陳を滅ぼして天下を統一、中央集権的帝国を樹立し、律令・科挙などの制度を定めた。日本とも国交を結ぶ。

ら、縄を結んで縄目を印にする。それだけだと。ただし、これは、「文字がない」というときに必ず中国で使う表現ですので、実際に日本でそんなことをしていたかどうかは証明できません。やっていたかもしれませんが、常套文句と考えた方がいいのではないかと思います。

◆文字文化の移入は百済経由？

『隋書』はさらに、

敬仏法、於百済求得仏経、始有文字

（仏法を敬し、百済において仏経を求得して、始めて文字あり。）

と続きます。ここでむしろおもしろいのは、「仏法を敬っている」と書いてあることです。しかも、「百済から経典を輸入して初めて日本列島に文字ができた」と書いてある。これは本当なのでしょうか。

実は、この記述も文字の歴史を考える場合にあまり参照されない記述です。この部分を読みますと、「刻木結縄」という文字のない社会を表現するときの常套文句がまず最初に出てきます。それに続いて「百済からお経が来て初めて日本に文字が入った」と書いてあっても、本当かどうかわからない。参照されないのはやはり研究者の皆さんが、信用していない証拠なんだと思います。私もこれが全面的に事実であるとは思いませんが、そこから汲み取るべきことはあるのではないかと思うのです。つまり、先ほど犬飼さんのお話でも百済と日本は縁が深いということが出てまいりましたが、百済から文字文化が入ってきたという点、これはそれなりに事実だろうと思います。「文字文化」、すなわち単に漢字が入ってきたという問題ではなくて、文字を操る技術が入ってきているということを考えなければいけないのです。

◆仏教の受容と経典

ここで、文字文化の移入において、仏教が果たした役割についても少し注目してみたいと思います。今回の歴博の展示でも写経のことは出てきますが、仏教そのものというのは、抜け落ちてしまったテーマではなかろうかと思います。

奈良時代になり、官営の写経所では写経の量産が行われます。正倉院の古文書はそういうもののシステムがわかる非常におもしろい史料です。しかし、お経が日本に入ってくること自体は、もっと古い時代のできごとです。現在欽明朝、六世紀の前半ぐらいが日本に仏教が入ってきた時代とされています。それを皮切りにして、初めてお経が伝わり、仏像が伝わったということが『日本書紀』にも書いてあります。文字を書いた経典なしに仏教はありえない。六二四年には僧尼が一三〇〇人余りもいたとありますが、そういう人たちも当然お経とかかわったはずです。そのかかわり方はどんなものであったのか、また、仏教が社会にどんな影響を与えたのか、という点は、文字文化を考える場合に評価しなければいけない一つの要素だろうと思います。

普通、文字の日本列島での定着については、律令制の形成との関係で考えられることが

◀隅田八幡宮人物画像鏡。「癸未年」の年紀を持つ。径一九・九センチ。中国後漢頃の神人歌舞画像鏡を原形とする倣製鏡で、外区に四八字の銘文が鋳出されていて、年紀・人名・地名がみえる。解釈に諸説あったが、近年では癸未年＝五〇三年説が有力。国宝。(和歌山県隅田八幡宮伝来)

多い。つまり「文字は国家を治める手段として採用され、広まっていった」と。それは確かにそうなのですが、仏教の受容の時期と、律令制が確立されていく時期を比較してみると、少しタイム・ラグがあります。仏教の受け入れの方が少し早い。欽明朝というと、そろそろ戸籍をつくるなどの動きも出てくる段階ですが、本格的に古代国家の仕組みを整えるのはまだまだこれからという時期です。律令制は、むしろ七世紀に入って展開していく。ですから、それより前に仏教のような文字を大量に使う宗教が入ってきてるということは、それなりに意味があるのではないだろうかと思います。

◆空白の六世紀

まず、六世紀代にはどんな文字資料があるかということになってくるのですが、最初に申しましたように、ほとんど空白の時代です。五世紀までは、立派な金石文をはじめとして、けっこう文字資料があります。六世紀代の資料となると、今回展示に出ている和歌山県の隅田《すだ》八幡宮に伝わった、癸未年《みずのとひつじのとし》という干支の年紀の入っている鏡、これが五〇三年と考えられます。四四三年説がありましたが、鏡のつくり方から五〇三年と考える方がよいと思います。

▼

癸未年八月日十大王年□〔男〕□〔弟〕
王在意柴沙加宮時斯麻念長奉
遣開中費直穢人今州利二人等
□〔取〕白上同二旱所此竟

しかし、その後しばらく文字資料がない。七世紀代になると、初期の木簡あるいはヘラ書きの文字などの資料が出てくるのですが、六世紀の状況というのは出土資料からはちょっとわかりにくいのです。今後も資料は出土すると思いますので、うかつなことをいうと外れてしまう恐れもありますが、今のところ実物資料から文字の広まりはわかりません。

◆七世紀の資料から文字の浸透度を読み取る

ヒントになるものとして、七世紀ごく初めごろの木簡を挙げました。一つは大阪の桑津遺跡というところから出てきたもの、これは呪符です。おまじないの札です。次は付札で「十斤」と書いてあります。重さを示すために使われたものですが、飛鳥の坂田寺*1からの出土です。

もう一つ、木簡以外で挙げたのは、法隆寺の仏像の台座にある文字です。法隆寺の本尊は釈迦三尊像ですが、その本尊像の木製の大きな台座の内側に文字が書かれています。像ができたのが聖徳太子が亡くなった直後ですので、六二二年から六二三年ごろ、①の資料

▶上：大阪府桑津遺跡の官衙と推定される建物付近の井戸から出土した呪符木簡。上部の記号的な図柄は、道教的な呪術に基づく符籙［ふろく］で、「日」の字と思われる記号を線で結んでいる。符籙の下には隷意を含んだ文字を記すが、判読には諸説がある。七世紀前半のもの。（大阪市文化財協会提供）
下：奈良県明日香坂田寺出土の付札。七世紀前半。（奈良文化財研究所提供）

*1　奈良県明日香村にあった尼寺。金剛寺。渡来系の鞍作氏の氏寺で、用明二年（五八七）に天皇の病気平癒を祈願して鞍作多須奈（司馬達等の子、鞍作止利の父）が出家し、丈六の仏像を造顕して寺を建てたとあり、飛鳥寺よりも古い創建伝承を持つ。

には年紀があり、六二一年とみられる干支が入っています。

これらは六世紀にはさかのぼりませんが、七世紀の前半、それも早いころのものですから、このころの文字文化がどういう水準にあったのかを知る手がかりになります。

台座に書かれた文字の内容を見てみましょう。これらは台座として組み立てた後に書かれたのではなく、こういう文字が書かれた材を、台座に転用したものです。②は財産管理にかかわるもの、恐らく聖徳太子の関係の家、妃のいる場所かもしれませんが、そういうところでの財産の管理にかかわる文字が記されていま

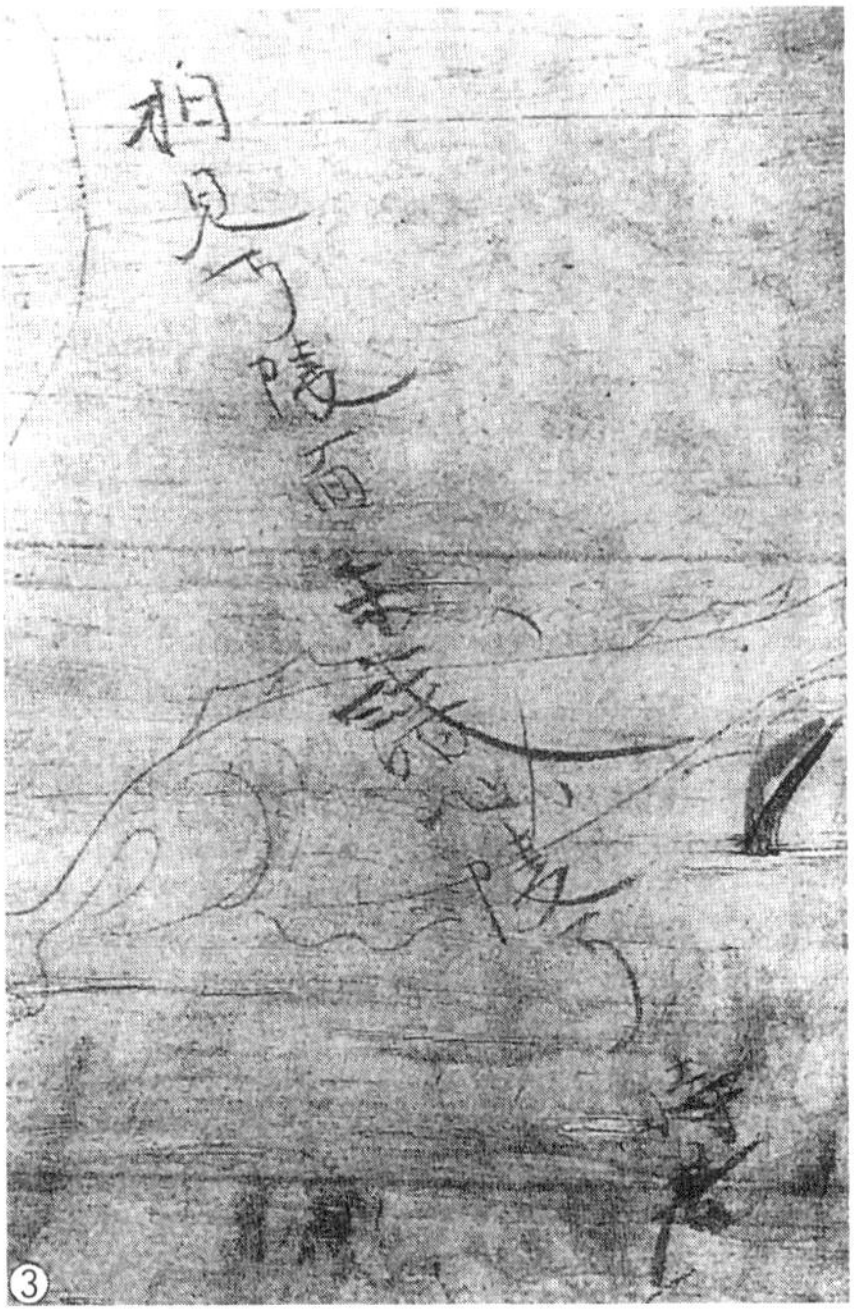

◀法隆寺金堂本尊釈迦三尊像の台座から発見された墨書。①②は文字の書かれた建築部材を転用したもので、年紀や出納記録などが記されている。③は五言から成る句二つを書いた落書。（法隆寺蔵）

① 「辛巳年八月九月作□□□□」

② 「留保分七段
書屋一段
尻官三段　御支□三段」

③ 「相見可陵面未識心陵可」「時者」

す。それから、③は、漢詩風に五字ずつで区切れるような文句になっております。おそらく落書きで、しかもかなり内容は砕けたものだろうと思うんですが、可陵《かりょう》（迦陵頻伽《かりょうびんが》という瑞鳥）といった仏教的な用語が使われている。

　これらを見ていきますと、七世紀後半の木簡の様相とあまり変わりません。この台座の文字資料には、少なくとも聖徳太子周辺において財産管理などに関与している役人のような人、その人たちの仏教的な知識が反映されているでしょう。ですから、こういうものが出てくる背景として、前の時代からの文字文化の浸透、すなわち、六世紀代にはすでに文字が実用的な面でも使われており、ある程度、知識・教養的なところにも及んでいるという状況を読み取っていいのではないかという気がします。

　もう一つ、やはり法隆寺関係のもので、法会《ほうえ》のときに使う幡《はた》——私たちが現在ふつう目にする横長のものではなく、のぼりのような縦長の幡——に書かれている文字があります。いくつか例を挙げましょう。

　年が干支で書かれているので、実年代については異説があり、定まった論がありません。ただ一番古くみると、七世紀前半にさかのぼる可能性があり、「壬午年二月」と書いてあるものなどは六二二年のものかもしれません。六二二年というのは聖徳太子が亡くなった年なんですが、まさに二月に亡くなっており、そうなると聖徳太子関連の資料になるし、「幡」を「者田」（はた）と表記した例にもなって、大変面白いのです。

　しかし年代は文字からはなかなか決着がつかないので、幡の形式から考えてみましょう。当時の幡は、非常に細長い縦長の一区画をずっと縦につなげてつくられるのですが、時代が下るにつれその細長い一区画がだんだん寸詰まりになって、奈良時代には正方形になります。この流れで並べてみますと、壬午年や壬辰年の幡は区画が縦長なので、確かに古い形式です。ただ縦長の比率は和銅七年（七一四）の幡までうけつがれていますし、七世紀後半に製作されたとみられる金銅製の幡（法隆寺献納宝物）もかなり縦長の区画をもっています。ですから壬午年や壬辰年が六二二年や六三二年でないとは言い切れませんが、やはり六八二年、六九二年と考える方が無難でしょう。法隆寺に伝わった染織品には中宮寺から移されたものもまじっているのですが、それらを含めても、明らかに七世紀前半までさかのぼりそうなものは、いまのところないと思います。

したがって幡についてはちょっと保留ということになりますが、ほかの法隆寺関連の資料は、古い時期の文字文化を考える際に、もっと注目されていい。とくに考古学的な出土資料と結びつけて考えることはあまりされていないのですが、同じ時代のものですから、当然結びつけて考える必要があります。法隆寺という地域の特殊性

「壬午年二月飽波書刀自入奉者田也」（坪部中央墨書銘）

「『八尺』〔異筆〕
壬辰年二月廿日満得□□〔尼為カ〕誓願作□〔奉カ〕幡」（坪部墨書銘）

「戊子年七月十五日記丁亥□□〔十カ〕月十三日□□名過
作幡也」（坪部墨書銘）

「巳〔己〕未年十一月廿日　過去尼道果
是以児止与古誓願作幡奉　」（坪部中央墨書銘）

「辛酉年三月朔六日山部殿如在形見為願幡
進三宝内」（坪部墨書銘）

「己亥年山卩〔部〕五十戸婦為命過願造幡之」（坪部右辺墨書銘）

▲法隆寺蔵品および法隆寺献納宝物中の幡にみられる墨書銘

をどれだけ考えるかということがありますが、文字文化の先端部分ではかなりの受け入れが展開していたと見てよいでしょう。それは当然六世紀代からの下地があってこそだろうと思います。その場合の媒介項として、こういう寺に関係した文字資料に象徴されるような、仏教とのかかわり、すなわち仏教を受け入れるための文字に対する関心や知識というものが基礎にあるのではないか。そういう点に着目していく必要があるのではないかと思います。

◆仏教、そして百済の再評価

以上のことから考えると、『隋書』倭国伝のさきほどの記述は、それ自体はあまり歴史的に正確でないのですが、一面の真実を突いている。「百済」―「仏教」という関係です。これは見直す必要があるのではないかと思います。それが律令制の展開につれて、さらにさらに拡大していく。以上のことから、文字の浸透については仏教の役割というのを再評価すべきだというのが一つの結論です。

ただ、文字がきちんと受け入れられた面と、そうではない面とがあることにも注意したいと思います。たとえば、お経というのは、文字の中身を問題にせず文字が並んでいるだけで尊い、という捉え方もあります。写経という仕事がまさにそうです。中身を理解するのとは違い、きっちりしたものを書いて、それを整えることに仏教的な意味合いがある。それは文字ではあるのだけれども、内容よりも、文字の持っている力、権威のようなものに関連してくる。「文字というのは、理解できないけれどもすごいものなんだな」という浸透の仕方もしただろうと思います。ですから、仏教の役割というのをそういった方面にも認めたら、おもしろくなるのではないかと考えています。

最後に、七世紀代の古い木簡に書かれた『論語』の習書をご紹介します。冒頭の学而篇、「子曰わく、学びて時に之《こ》れを習う、亦《ま》た説《よろこ》ばしからずや」云々を手習いしたものですが、徳島の遺跡から出土しました。これは棒状の角材に書かれていますが、最近韓国金海の鳳凰洞遺跡からも、『論語』公冶長《こうやちょう》篇を手習いした角柱状の木簡が出土しています。*1『論語』が百済から伝わったという『古事記』の記事とも考え合わせ、百済との関係を印象づけるような資料です。

もうひとつ、先ほど触れた呪符ですが、これも百済の文化とかかわるところがあるかもしれません。『隋書』倭国伝を見ると、日本列島の人たちは占いを非常に好むということが書いてあります。『隋書』倭国伝の段階でもそういう日本列島の文化の特色が注意されているわけですが、呪符を使うまじないの受容というのも、中国側から「医薬・卜筮・占相の術を解す」(『周書』異域伝)と言われた百済につながっていくのかもしれません。

文字資料を見た場合、古代朝鮮の資料との類似点と相違点、その両方があるわけです

*1　161頁参照。

◀徳島県観音寺遺跡出土の木簡（部分）。七世紀半ば前後。『論語』学而篇の冒頭が書かれている。（徳島県立埋蔵文化財総合センター提供）

子曰　学而習時不亦□乎……

が、木簡などで非常に違う点は、材質が全く異なることです。日本の木簡はヒノキが大部分、そしてスギが若干です。韓国の木簡はほとんどがマツです。その点で外見も非常に違います。韓国の木簡は日本のようにきれいではないというか、荒々しい感じがします。それは例えば仏教でいうと、仏像の材質も韓国と日本では違う。韓国から渡ってきたとされる広隆寺の弥勒菩薩はアカマツでできていますが、日本で刻まれた飛鳥仏はクスノキです。素材にクスノキを選ぶというのは、ひょっとすると中国の南の方の仏教文化につながっていくかもしれません。

それから寺院の建築、これも韓国では古い建築は皆、マツでできておりますが、日本の古代建築というのは屋根の中の見えないところなどにマツは使いますが、表面はみんなヒノキでつくられている。そういう違いもあり、つながっているようでいてつながっていないところがあります。先の講演を聞いていて、文字文化の場合も、木簡などを見ると、やはり受け入れた部分と日本独自の部分という違いが、非常に早くから形成されていたのかもしれない気がしてまいりました。どうも御清聴ありがとうございました。(拍手)

COLUMN

飛鳥寺の文字瓦をめぐって

七世紀前半の仏教と文字文化

東野治之

七世紀前半以前にさかのぼる文字資料が少ないことは別に述べたとおりであるが、『古代日本文字のある風景』展で見落とされ、私も参画しながら、忘れていた資料がある。奈良の元興寺に所蔵される飛鳥寺の文字瓦である。

元興寺は、平城遷都にともなって、明日香地域にあった飛鳥寺（法興寺、元興寺）の寺格を移して新営された寺であるが、飛鳥寺から建築部材や瓦の一部を運んできて、新寺の造営に転用することが行われた。瓦については、かつてまとまった調査がなされ、飛鳥寺で使われていたものが、その形態や製作技法から識別されている。それらの中に、つぎのようなヘラ書きの文字をもつものがある（元興寺仏教民俗資料研究所『元興寺古瓦調査報告書』、一九七三年）。

「康野□（午カ）」

「田□」

これらは創建時の、叩き目を擦り消した原始的

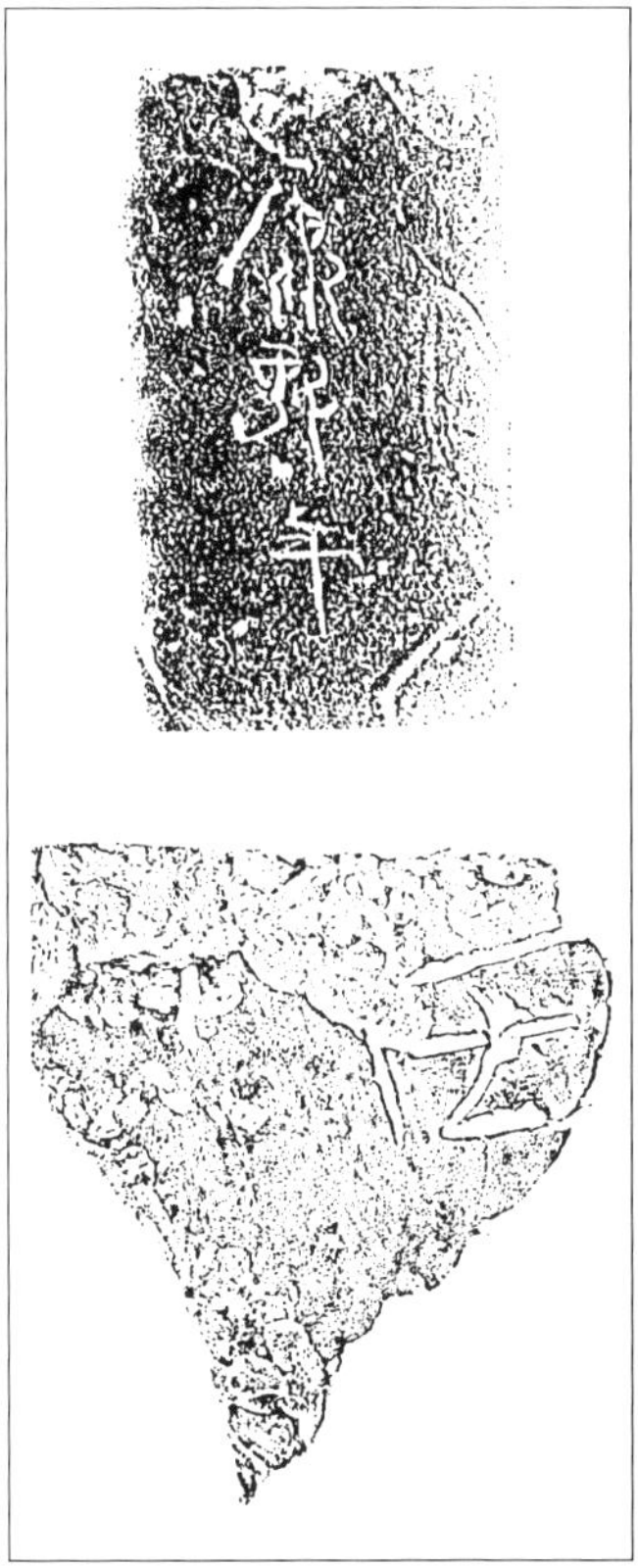

◀飛鳥寺の文字瓦（拓本）

な形の丸瓦（いわゆる行基葺丸瓦）に刻まれた文字である。ヘラ書きであるので、瓦が焼成された後ではなく、生乾きの段階で入れられていたことが明らかである。すなわち、飛鳥寺の造営過程で刻まれたということになる。『日本書紀』や『元興寺縁起』から知られるように、飛鳥寺は崇峻元年（五八八）に工事が始められ、推古十四年（六〇六）に本尊が完成して、ほぼ工を終えたと考えられる。これらの文字瓦は、六世紀末から七世紀前半のものであることにまちがいない。飛鳥寺は、日本で最初の本格的寺院であるから、これらの文字瓦も、文字瓦として最古の例といえよう。

文字瓦の出土例は、これ以降少なくないが、文字が瓦に入れられる意味については、さまざまな事情が考えられ、画一的には論じられない。しかも今の場合、点数も少なく、完全でないものが含まれるので、意味づけはむずかしいところがある。ただヘラ書きという手法が、瓦の製作工程と不可分なことは確かで、のちの例からするなら、製作分担や労働奉仕などと結びつくと考えていいであろう。

改めていうまでもなく、寺院を造営するのは一大プロジェクトである。技術的にみても、建築、土木はもちろん、各分野の工芸技術も必要となる。単純労働の占める割合も大きい。当然これらの人員や必要な物資を、適切に管理するシステムが要求されよう。そこでは、読み、書き、計算の技術が、不可欠であったと思われる。すでに七世紀後半、造高市大寺司《ぞうたけちだいじし》というような部署が姿を現しているのは（『日本書紀』天武二年十二月、大安寺資財帳）、うなずけることである。

こうみてくると、仏教の伝来と興隆がもたらした影響は、決して信仰や思想の面に限られなかったことが、改めて認識されよう。飛鳥寺の造営に当たって、百済から各種の工人が招かれたことは有名であるが、さきのようなシステムやノウハウも、百済直伝の形で伝えられたに違いない。別に述べた百済と文字文化との関係は、やはり当たらずとも遠からずといわなければならない。

そういえば最近、さらに進んで仏教と政治制度を通底する文字世界のあったことをうかがわせるような、興味深い木簡が出土している。明日香の石神遺跡から出土したつぎのような七世紀後半の木簡である（奈良文化財研究所『飛鳥・藤原宮発掘調査出土木簡概報』一七、二〇〇三年）。

鮎川五十戸丸子ア多加
□（大カ）鳥連淡佐充干食同五□□（十戸カ）三枝ア□

これは、一緒に出た木簡から、衛士・仕丁などの編成に関するものとみられるが、注目されるのは、衛士・仕丁各人と組みになるカシワデ（炊事係）が「干食」と書かれていることである。まずこの木簡が見つかったことで、奈良時代になって、正倉院文書にカシワデが「干」と書かれていることが、はじめて了解できるようになった。「干」は「干食」を省略したものであろう。この省略した形は、藤原宮木簡ですでに使われている。

ところでこの「干食」が、法隆寺金堂の本尊、釈迦三尊像の光背に刻まれた造像銘（六二三年ごろ）にも現れる。それは「干食王后」という、聖徳太子の妃の名前としてである。この「干食」の解釈には、これまで定説がなかったが、この王后が膳《かしわで》氏出身の女性であることに異論はなかった。木簡の「干食」が出てきたことによって、銘に出る妃の名も「カシワデ王后」と定めることができる。

完成度の高い造像銘と木簡の文では、作成の動機も作者の教養も違い、ふつう同日には談ぜられない。しかし「干食」の表記は、双方が思わぬところで共通の基盤をもっていたことを語ってくれる。「干食」という表記の源は不明であるが、文字の文化が分野をこえて浸透する条件が、早くから形成されていたことはまちがいないように思われる。

5

声と文字と歴史と

「文字を必要としなかった社会」からの視点

川田順造

私は、文字を使わない世界の歴史の研究を長くやってまいりました。若いころに、『無文字社会の歴史』[*1]という本を書きましたが、「無文字社会」という言葉は、文字がある「文字社会」が当然、あるいはより進歩した社会という前提にたち、それに「無」を付けたネガティブな規定です。しかし、その後もアフリカの研究を続けていく中で気づいたのは、文字を使わないサハラ以南のアフリカ社会では、音のコミュニケーションが実に豊かであるということです。音だけではなくて、図像、身体表現も豊かです。

そういう文字以外の媒体による伝えあいの豊かな世界に接していると、「無」文字というふうに文字がないことを否定的に考えるよりは、むしろ「文字を必要としなかった社会」という方が適切なのではないかと思うようになりました。

*1 『無文字社会の歴史―西アフリカ・モシ族の事例を中心に―』(岩波現代文庫、二〇〇一年)

文字のない世界のことを研究してきた人間が、今日のような文字を使うことを問題にするフォーラムにどうして呼ばれたのかということになりますが、文字がまったくないという状態からの視点で、文字を使うということの意味を、根源的に、さめた目で問い直す、そういう意味があるのではないかと思います。

「文字」とは何か?

◆「文字」と「言葉」は別のもの

一番初めに申し上げたいのは「文字」と「言葉」は別のものだということです。

私たち日本人の社会では文字の使用が普及していて、人が初めて会うとまず名刺を交換するというような社会です。先ほどの発表でも問題になりましたように、日本では音声言語としてのヤマトコトバを、かなり古い段階で漢字で表記するようになったために、漢字の表意性にたよって、漢字を媒介にしないと意味がはっきりわからない言葉がたくさんできました。例えば、国立歴史民俗博物館の「民俗」というのは、にんべんの「俗」だといわないと、「民族」と間違えられます。「おしょくじけん」といった場合に、スキャンダルの「汚職事件」なのか、食事をするチケットの「お食事券」なのか、音だけではまったく同じです。男女の愛のしのびあいの「逢引き」と、牛肉と豚肉を混ぜた挽肉を指す「合挽き」もそうです。

同音異義語がたくさんあるということは、ヤマトコトバには音節の種類が非常に少ないということと関連しています。数え方によって少しちがいはありますが、一〇〇から一二〇種ぐらいの音節で意味を伝えあっている。そして単音節語、二音節語、三音節語が非常に多い。四音節語以上はたいてい合成語です。そうすると、駄じゃれは言わずに暮らす方がむしろ難しくて、毎日の会話は駄じゃれだらけです。さっきも東野さんのお話で墨で書いた文字が注目されていましたが、私はその瞬間に、「これは〝隅〟に置けない」と思いました（笑）。それくらい、駄じゃれをいわずに暮らすのは難しい。そのかわり、文字に書いた世界では、漢字を使って意味を分けていくんです。

◆声に戻すための「楽譜」

私たちのように文字に浸りきって暮らしていると、文字というのは言葉の一部であるかのように思いがちなのですが、文字と言葉は、元来まったく別のものです。言葉というのは一〇〇パーセント声であって、文字はそれを伝えるための一つの便宜的な手段に過ぎない。しかも、音声の言語は人類に普遍的ですが、文字は少しも普遍的ではないし、ましてそれを多くの人が広く使うようになったのは人類の社会全体から見れば一部で、時代的にも新しいことです。

きょうの最初の報告でも、文字はだれに読ませるために書いたか、という問題がとりあげられましたけれども、文字というのは長い間、それを知っている人が音読して文字を読めない人たちに聞かせるための媒体でした。例えば十六～十九世紀のヨーロッパでは、ドイツ語で「Flugschriften」、フランス語で「littérature de colportage」などと呼びますが、小冊子文学というものが出回っていました。私が以前行ったブラジルでは、現在も同様です。本というのは文字を知っている人が文字を読めない人に読んで聞かせるためのものでした。

日本でもつい最近まで、例えば村のお寺の和尚さんや神主さんが、新しい物語の本などが来るとみんなを集めて読んで聞かせていた。ですから、二世代ぐらい前の人はよく新聞なども声を出して読んでいました。

ここはヤマハホールですけれども、音楽でたとえれば、文字で書かれたものは楽譜のようなものです。それを見て、もう一回音として再現する、声に戻す。元来はそのための一種の符牒のようなものだったといえるのではないかと思います。

声の特質・文字の特質

◆声の特質

いくら文字が普及しても、やはり声の持っている力というのは大きなものです。現代のようなインターネット時代にも、例えばイスラエルとパレスチナの紛争を調停するためにはアメリカの国務長官がわざわざ現地に行って、シャロン首相とか、アラファト議長と会って声で話をする。これはインターネットでは済まない。そして、できればアラファトさんに生《なま》の声で、「テロをやめろ」という声明を出してもらいたい。このくらい声というものは文字情報とは違った力を持っているわけです。

例えば国体とか甲子園の高校野球大会などで選手宣誓をやりますが、これも声に出すことに意味があるので、書いたものをみんなに配ればいいというものではありません。裁判で裁判長が判決を下す。これもわざわざいわなくても紙に書いて配っても済むのではないかと思われるかもしれませんし、新聞などには文字になって載るわけですが、それはやはり、ある決められた場で、ある資格を持った人が声で申し渡すということに意味があるわけです。

これはミサとかお経とか祝詞《のりと》など儀礼的な声の使用の場合にもいえることで、例えば節分の豆まきでいう「福は内」というのも、やはり声でやらなければいけないわけです。

◆文字の特質——遠隔伝達性、反復参照性、個別参照性、そして「立ち止まり」

翻って文字の特質というものを考えてみます。

一つは時間・空間における「遠隔伝達性」、つまりあとまで残る、あるいは遠くまで届くということです。文字で手紙を書けば、昔だったら伝書鳩につけるとか、あるいは飛脚が運べば何百キロ先へも届きますけれども、声ではたいして遠くまで届かない。それから、時をへだてて、後の時代までずっと伝わります。同時に、これはブロード＝カーステイング——語義通りには〝広く投げる〟——メッセージの受け手を特定できない「拡散伝達」とでもいいますか、一度文字に書いてしまうと、今度はだれが受け手になるかわからない。阿辻さんのお話にもありましたが、かつて占いに使った甲骨文は、しまいこんで普通の人の目には触れないようにしてありました。でも現に、時代を隔てた普通の人である我々がこうしてまたそれを見ているわけです。だから、一度文字に書いたものはどんなにプライベートなものでも、誰に読まれるかわからない。

日記でももちろん始めから公刊を予定して、永井荷風の『断腸亭日乗《にちじょう》』とかアミエルの『日記』のように、人に読んでもらうための日記というのもありますが、普通日記というのはプライベートなものです。しかし、文字に書いてしまうと、死後に読まれるかもしれないし、谷崎潤一郎の『瘋癲《ふうてん》老人日記』のように、妻が自分の日記をこっそり読んでいるということを知っていて、妻に読ませるために日記を書くという、そういうことも起こり得るわけです。

二つめの特質は「反復参照性」、何度でも繰り返して同じメッセージを参照できることです。声の場合には、録音しない限りは一回きりで永久に消えてしまいます。そこにまた、声が持っているパフォーマンス性、一回きりのよさがあると思うのです。

三つめは「個別参照性」、つまり一人でそれを参照できるということです。声の伝達は、基本的には声を出す人と聞く人がいますし、また、声の届く範囲の人には皆、聞こえてしまいます。文字の場合は一人で参照が可能です。文字で書かれたものにも、黒板の文字とか、街の電光ニュースとか、あるいは中国の文化大革命のとき盛んに使われた壁新聞とか、大勢で見ることを前提としているものもありますが、文字使用の全体からいうとそれは例外的なものですし、それらも一人一人が個人として見ることができます。

最後にもう一つ、これが文字のきわめて大切な特質だと思うのですが、発信する場合も受信する場合も「立ち止まり」が可能だということ。文字で書く場合にも途中で書くという行為を一時とめて考えることができるし、読む場合も、読んでいて〝はてな〟と思ったらそこで読むのをやめて考えることができる。これは物の考え方を洗練したり、蓄積したりするのに大変に重要な点だと思っています。文字を読むのは能動的な、自分の方から働きかけていく知的な力が必要ですが、聞く方はそうでもない。

その一方で声には、情動喚起力というか、人の生理にじかに働きかける力がある。「いまに見ていろ」「ほらご覧」など視覚にかかわる表現と、「聞きいれる」「聞きわけがいい」「そりゃ聞こえぬ（納得できない）」というような聴覚にかかわる表現のニュアンスの違いは、さまざまな言語にみられます。たとえば、フランス語の〝Voyez!〟（ご覧なさい！）、〝Tu vois?〟（そうだろう？）は、視覚によって検分する行為、能動的な行為を示唆しています。一方、〝C'est entendu.〟（それは聞かれた、承知しました）は、承諾ないし服従を表す受動的な行為を示唆しています。同様に、アフリカのモシ語の〝gese!〟（見せてご覧）、つまり視覚によって検分する行為と、親が子を叱るときによく使う〝wumame?〟（聞こえたね？　わかったね？）も、そうした例です。「聞く」は日本語でも「香を聞く」「聞き酒」のように、香り・味など聴覚以外の、より生理的な感覚刺激を感じとる行為を表わすのにも用いられ、モシ語の〝wume〟という動詞でも同じです。

つまり、見る・読む場合は視覚で能動的に理解するのに対し、聞くという行為には、受け身で情動的に、いきなり人間の深い生理にまで伝わって人を従わせるような、そういう力があると思うのです。

二次元指向と文字

◆文字は「二次元指向」の媒体

結局文字に書くということは、いわばいろいろな考えを、木簡でも竹簡でも、あるいは壺の表面でも紙でも、二次元の平面の世界に変換し、縮尺して投影することです。二次元指向のメンタリティーと結びつくのです。

声も、例えばテープに録音するというのは、磁気テープの表面に磁気の「まだら」として空間化することであって、二次元化されている。そうすると繰り返して聞ける。それから先ほど暦の話が出ましたが、「時がたつ」という、いわば「純粋持続」として内観される体験を、空間の上に、紙や石の上に二次元化して記すという行為がある。時計の文字盤や、カレンダー、年表など、すべて時間の空間化です。

◆歴史意識と時制

これはまさに歴史意識と関係するのですが、私たちは、時というものが何か二次元上に伸びている一本の棒のようなもので、その棒の上に過去と現在があって未来もあるという形でとかく考えやすい。ところが、そういう二次元的な指向での過去・現在・未来というのは、文字文化と、それから言語の時制に多分に影響されているのです。

特にインド・ヨーロッパ語は、テンスすなわち過去・現在・未来が語の形の上ではっきり区別された言語です。一方、日本語や私がつき合ってきたアフリカの言語は、テンス*1(時制)ではなくてアスペクト*2(相)で区別がある。ですから線上に、過去、現在、未来というふうな形に並ぶのは、二次元指向、しかもインド・ヨーロッパ語の文法に制約された考え方だと思います。

例えば、ヤマトコトバの場合、「前」というのはどっちかと考えたとき、「前払い」とか「前借り」というと、今より先、未来のことだけれども、例えば「前の総理大臣」といえば、これは小泉さんより前の森さんのことで、これは過去です。それから、「先」という言葉もありますが、「それはまだ先の話だ」といえば今から後、未来ですけれども、「先立《せんだ》って」とか、それから「先《さき》の関白太政大臣」といえばいわゆる前の――また「前」という言葉が出てきてしまいました(笑)――、要するに「前」とか「先」といっても、そこで過去とか未来ということがはっきり区別できていない。つまり、私たち日本人はそういう言葉を使って考えているのであり、この問題は歴史意識の問題を考える上でも本質的な問題をはらんでいます。

◆視覚の発達

もう一つ、二次元指向は、理知的であることが特徴であると同時に、ヒトの視覚が発達して、極めて多くの要素が識別可能になったことと関連しています。

人類の前段階の生物は、哺乳動物の中では例外的に、木の上にあがって樹上生活を始めました。枝渡りによって手で物をつかめるようになり、両眼が前面に平たくついて、比較

*1 発話時を起点に、言いたいのはその時点での事態(現在)か、それより以前の事態か(過去)、あるいは以後の事態か(未来)によって動詞(形容詞)が規則的に形を変える言語がある。このように、時間軸での位置づけに従って動詞(形容詞)を表わしわける文法的なシステムを「テンス」という。出来事の描写は事態の外で流れている「外的な時間」に関連づけられている。

*2 ある現象を、幅のある事態の中の、プロセスのどの点かによって描き分けるシステムを「アスペクト」という。アスペクトなシステムでは事態が「始動・継続進行中・未完結のもの(継続相)」か、「完了・完結したもの(完成相)」かで分ける。出来事の描写は事態の「動き」が時間的にどんな状態か、という「内的な時間」に関連づけられている。

的近いところの遠近をこまかく識別できるようになりました。コアラやナマケモノといった例外はありますが、だいたい、ほかの哺乳動物たちは地面を歩いています。しかし、猿の類だけ木の上にあがった。ところが、猿の仲間のうち今度は人間の祖先だけ、せっかく木の上にあがったのにまた下におりた。それで直立二足歩行を始めて、脳が重くなって、声帯が下がって構音器官が発達し、分節的な発音ができるようになり、二重分節的な言語[*1]を話せるようになって、知識の伝達、蓄積が容易になり、両手が自由になって道具をこしらえて……という経過をたどったわけです。樹上生活の名残りの一つといえるかもしれませんが、人間というのは全体に目に頼る度合いが大きい。犬は鼻に頼りますが、人間の嗅覚がもし犬ぐらい発達していたら、今の東京など臭くて生きていられないのではないか。交通信号も、通っていいときはあるにおいを出すとか、そういうことになったかもしれません。とにかく幸か不幸か、我々はにおいに関しては鈍感だけれども、視覚に頼っている。ですから、例えば目で見れば漢字のように何千種類でも区別できますが、鼻や耳ではそんなにたくさんのものは区別できません。

文字の使用は、視覚が発達して、小さな文字が判別できるようになったこと、文字の細かい差異を識別できるようになったことと、おおいにかかわりがあるのです。

＊1　一般に、動物の言語は、ある音声のかたまりが〈危険〉〈求愛〉などの意味を表し、そのかたまりをさらに小さな単位に分けることができない。これに対し人間の言語（鳥が空を飛ぶ）は、メッセージが意味を担う単位（鳥／が／空／を／飛ぶ）に分節され、それがさらに意味を持たない音の単位（to／ri）に分節される「二重分節」という性質を持つ。そのため、個人が複雑な内容を伝える新しいメッセージをつくり出すことが可能になった。

太鼓で語られる言葉

◆モシ王国の太鼓言葉

私がアフリカで一番初めに興味を持ったのは、「太鼓言葉」です。サバンナの真ん中に四〇〇〜五〇〇年前から続いているモシ王国という王国があります。そこには歴史を書いた文字記録はありませんけれども、太鼓の音で歴史を伝えております。

「太鼓言葉」というのは便宜的な呼び方ですが、太鼓の音で音声言語によるメッセージを伝える仕組みです。もちろん私自身も習い、サウンドスペクトログラフという音の周波数成分を調べる装置で、太鼓言葉の録音を分析して、それがどうやって言語メッセージを伝えるのかも調べました。それだけでも一〇年以上、四苦八苦したわけですが、これは簡単にいえば、音声言語をベースに、太鼓の音で音声言語の特徴を表現して、言語メッセージを伝えるというものです。ベースになっているのは、あくまで音声言語です。球形の大きなヒョウタンの上部、つまり茎についていた側を、直径十センチくらいの円となるように水平に切って、ヤギの皮を張って作った「ベンドレ」という太鼓を、両手の素手でたたきます。一般に音声言語が意味を伝える仕組みには、子音と母音のつながりで意味を伝える分節的特徴と、音の高低、強弱、長短で意味を伝える超分節的特徴

▶祖父のわきで、見よう見まねで王朝の系譜語りを太鼓言葉でたたく、楽師一族の少年。歴史伝承が、太鼓をたたく手の動きという身体的記憶になって継承される。（川田撮影）

▶図１ モシ王国

西アフリカ熱帯サバンナの内陸国ブルキナファソ（Burkina Faso）の主要民族であるモシ族が15世紀頃に建国。集権的な王国として形成されて行ったが、王朝は枝分かれして、南部、中部、北部の3つの主要な王朝の支配が成立、それぞれの王朝の分裂・移動・独立などによって大小の王国が興亡を繰り返した。1897年フランスの保護領（植民地）となり、1960年8月5日フランス共同体内の共和国「オートボルタ（Haute Volta／Upper Volta）」として独立。1984年クーデターの結果、国名も「ブルキナファソ」に改称。1987年再びクーデターによって、B・コンパオレが政権の座につき、複数政党制と大統領の直接選挙制を柱とする憲法のもと、現在に至る。共和国となった現在も、モシ族のかつての王は崇拝の対象とされており、宮廷儀礼や太鼓言葉による王朝史の語りは、共和制内の遺制として存続している。

――韻律的特徴という呼び方もありますが――、その二つの側面がありますが、その超分節的あるいは韻律的特徴を、太鼓の音で、それもかなり符牒化して打つのです。

例えば、日本でいえば「神武、綏靖《すいぜい》、安寧、懿徳《いとく》…」と歴代天皇の名を挙げていくように、モシの王様の系譜をやる場合、王宮づきの太鼓の楽師の家系があって、そこに生まれた男の子は小さいときから一族の年長者のそばで見よう見まねで打っている。そうやってくりかえすことで、手の動きで覚えてしまう。

身体的な記憶、運動連鎖というのは、一回形成されると強く残るものです。ピアノでも一回覚えてしまうと、後は指がひとりでに動く。自転車に乗るとか、水泳をするとか、初めはなかなかむずかしいですが一度覚えてしまうと、後はひとりでに体がやってくれる。何年か自転車に乗っていなくても、体が覚えています。そういう持続性が大きい。

太鼓の場合、一族の中でそれをやっているので、世代から世代へ受け継がれるという、時間的な伝達能力、すなわち「遠隔伝達性」が普通の言葉よりもはるかに強いし、安定しているんです。この安定性にはいろいろな理由が考えられますが、第一に太鼓の音は言語音よりも要素が少ない。だから、それだけあいまいさは大きいけれども、ある申し合わせでそれが理解できれば――漢字も仮名文字もみんな申し合わせです――伝える音の種類としては少なくてすむ。これはアラビア文字で、母音を省略して書いても意味が伝わるというのに、似ています。紙や木のように燃えたり、腐ったり、虫に食われたりもしないで、代々伝わるわけです。

◆最初のカルチャー・ショック

新しい王様が即位したらその王様の名を太鼓言葉にして追加していきます。王様の名前というのが、この言語には固有名詞というカテゴリーがないという理由もありますが、ことわざのような長い句で表わすのです。これは即位名ですが、ふつう戦名《いくさな》と呼ばれています。王位継承争いの状況を反映した、対立者に対してのメッセージであるとか、即位したときに臣下が新しい王様の御代の安泰繁栄を祈って王様に献上する句であるとか、とにかくかなり長い言葉なんです。それを大抵の王様は二つも三つも、多いときは十幾つも持っていて、それを全部太鼓でたたくので、一人の王様についてずいぶん長くかかる。それから、『古事記』などでもそうですが、「お母さんがだれで、だれの子で……」というような系譜関係も入ってくる。そういうものを、ふだんは太鼓の音だけでドコドコドコドコやっています。

初めてそのモシの国に王様の系譜を調べに行ったとき、私はまだ太鼓言葉のことを知りませんでした。王様に「先祖代々の系譜を知りたい」といったら、「それじゃ、今度の金曜日の朝にやるからここに来て録音すればいい」といわれました。それで、朝早く王宮の前庭に行ってみますと、太鼓たたきが何人も来て、それでドコドコ太鼓をたたき始める。私はそれは前奏だと思って、テープ倹約のためにテープをとめて待っていました。ところが、そのうちにそれだけ四〇分ぐらいやって、みんな汗をふいてやれやれと帰ってしまったので、困って、そのうち前庭を掃除に来たお小姓たちに聞いたら、「系譜伝承の太鼓は今やったじゃないか」といわれました。そのときに初めて、太鼓の音だけで「神武、綏靖、安寧、懿徳…」というのをやったんだなということがわかったのです。それが太鼓言葉をめぐる初めのカルチャー・ショックでした。

モシの建国神話と『古事記』

◆王国の系譜

モシ王国全体の系譜を合わせてみると、共通の祖先からいくつにも王朝が分かれて、その間で戦いがあったり、併合したり、征服したり、また分裂したりと、いろいろな移り変わりがありました。私は二次元指向の文字社会の人間ですから、それを長い間研究して空間化して図に書いてみたのが、一二二頁に掲げた図3・4です。

先ほどお話ししましたように、これは公式には太鼓の音で語られ伝えられるのですが、そのベースになってるのはモシ語（現地語でモーレ）という言語で語られた口頭伝承です。この伝承では、四人目の王ぐらいからはっきりした伝承として登場します。特に16のシグリという王以降は、その系譜や数々の細かい伝承までたくさん出てくるのですが、古い方に行くとそれがあいまいになってきます。特に第Iの、1・2・3というあたり、ここでは三つしか挙げていませんが、このほかに正史として太鼓では打たれない人物が、口頭伝承にはもっと大勢登場して、国がどういうふうにしてできたか、つまり建国神話を語ります。

◆範列的に語られる神の物語

この建国神話部分（図2―I）は、現在いくつかに分かれている王朝の、すべてに共通している伝承で、いわば始祖伝承です。王国がどうやってできたかというこの一番初めの部分について、私はモシ王国のはじめの祖先が来たという場所に行って調べ、また次の場所に行って調べてというふうに順々にたどっていって、それを模式図として記したのが図4です。

調査していくなかで気がついたのは、これは『古事記』と対応する構造をもっているのではないか、ということです。たとえば家畜小屋で結ばれたというのでウブリ（家畜小屋）と名付けられた王がいますが、これなどはまさに『古事記』の[*1]鵜葺草葺不合命《うがやふきあえずのみこと》を思い出させます。

そのほかの建国神話時代の王の名前も、すべて短い名前です。先ほど王様は、二つも三つも、多いときは十幾つもの句の形をした長い名前を持っているといいましたが、この時代の王は、ズングラーナとか、ウブリとか、ソルバとか、ウェドラオゴとか、そういう一つの名前しか出てこない。しかも、これはみんな「接見の間を持つ者」「家畜小屋」「牡馬」など、はっきりとした、しかしどこか謎めいた意味を持っています。単なる固有名詞ではないのです。土地の人の説明では、古い時代の王様の名前は、時を経ているので次第に全体の長い名前は忘れられたのだというのですが、『古事記』のこともあわせて考えているうちに、単なる忘れではなく、これらの名前自体が構成要素になって、全体で、ある神話的なメッセージを伝えているのではないかと思うようになりました。

*1　天孫三代の最後の神。海神［わたつみ］の娘の豊玉毘売命［とよたまびめのみこと］は、海神宮から火遠理命［ほをりのみこと］の元へ子を産みにきたが、鵜の羽で産屋を葺き終わらぬうちに生まれたのでこの名が付いたという。母の妹の玉依毘売命［たまよりびめのみこと］と結婚し四人の子を得たが、四番目の子が神倭伊波礼毘古命［かむやまといわれびこのみこと］で、後の神武天皇である。

大段落	王朝所在地	小段落	対応する王名	父名		母名		戦名		叙述		出来事		小段落句数		大段落句数	
				A	B	A	B	A	B	A	B	A	B	A	B	A	B
I	ザンバールガ(?)	1	ズングラーナ	−	−	−	−	−	−	+	+	−	−	19	18	49	46
		2	ウブリ	+	+	+	+	−	−	+	+	−	−	17	16		
		3	ソルバ	−	−	+	+	−	−	+	+	−	−	13	12		
II	ウェルゴ	4	キムゴ	/	−	/	−	/	+	/	−	/	−	0	12	38	46
		5	ヴィーレ	−	−	+	+	−	−	+	+	−	−	13	11		
		6	ナブグバ	−	−	+	+	−	−	+	+	−	−	11	11		
		7	ヤンバ	+	+	−	−	−	−	+	+	+	+	14	12		
III	ゼン・ゴーデン	8	ウォブゴ	−	−	+	+	+	+	−	−	−	−	12	12	32	33
		9	ゼンデ	−	−	−	−	+	+	−	−	−	−	7	7		
		10	クグリ	−	−	+	+	−	−	+	+	−	−	13	14		
IV	テノアゲン＝モアーガ	11	ベンドバ、他	−	−	−	−	+	+	−	−	−	−	13	13	32	31
		12	マルカ、他	−	−	−	−	−	−	+	+	−	−	19	18		
V	ゴーデン＝グドゲン	13	ポアーガ	−	−	+	+	+	+	?	?	?	?	23	26	58	60
		14	ブグム	−	−	+	+	+	+	−	−	−	−	19	18		
		15	ビーガ	−	−	−	−	+	+	−	−	−	−	16	16		
VI	テンコドゴ	16	シグリ	−	−	+	+	+	+	−	−	+	+	32	31	633	489
		17	ギグムポレ	−	−	+	+	+	+	+	+	+	+	39	39		
		18	イェムデ	−	−	+	+	+	+	−	−	+	+	49	49		
		19	バオゴ	−	−	+	+	+	+	+	+	−	−	41	41		
		20	リトミードゥ	−	−	−	−	+	+	−	−	−	−	12	10		
		21	サルカ	−	−	−	−	+	+	−	−	−	−	30	28		
		22	サピレム	−	−	−	−	+	+	−	−	−	−	43	41		
		23	ヤムウェオゴ	−	−	+	+	+	+	−	−	−	−	42	45		
		24	サヌム(サルマ)	−	−	+	+	+	+	+	+	+	+	56	49		
		25	カロンゴ	−	−	+	+	+	+	+	+	+	+	76	28		
		26	コーム	−	−	+	+	+	+	−	−	−	−	39	27	258	133
		27	キーバ	+	−	+	+	+	+	+	−	+	+	143	78		
		28	ティグレ	+	+	+	+	+	+	−	−	−	−	31	23		

▲図 2 モシ王朝の系譜語りの構成

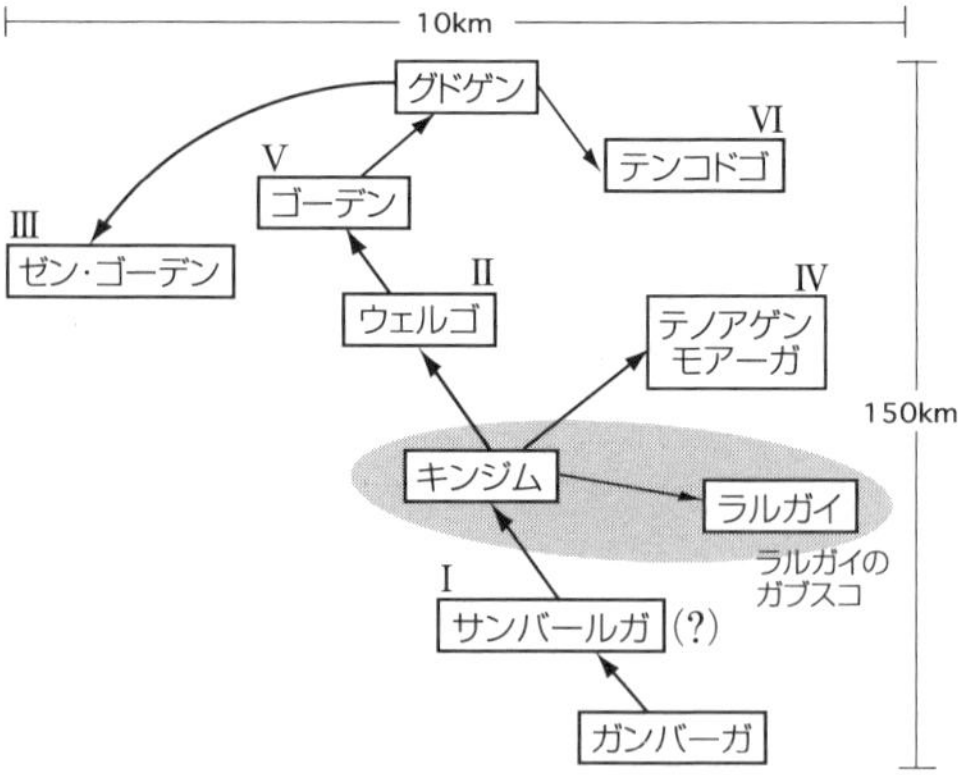

▲図 3 王朝の地理的移動と朗誦の順序

地方伝承の調査から作成した王朝の地理的移動と朗誦の順序の模式図。王朝の地理的な移動は模式図下部「ガンバーガ」の地から始まり、いくつかの王朝の分岐を経て、それぞれ矢印の末尾の地へ至る。10kmは東西、150kmは南北の移動距離を示す。朗誦は図2で示した通りI～VIの順になされる。

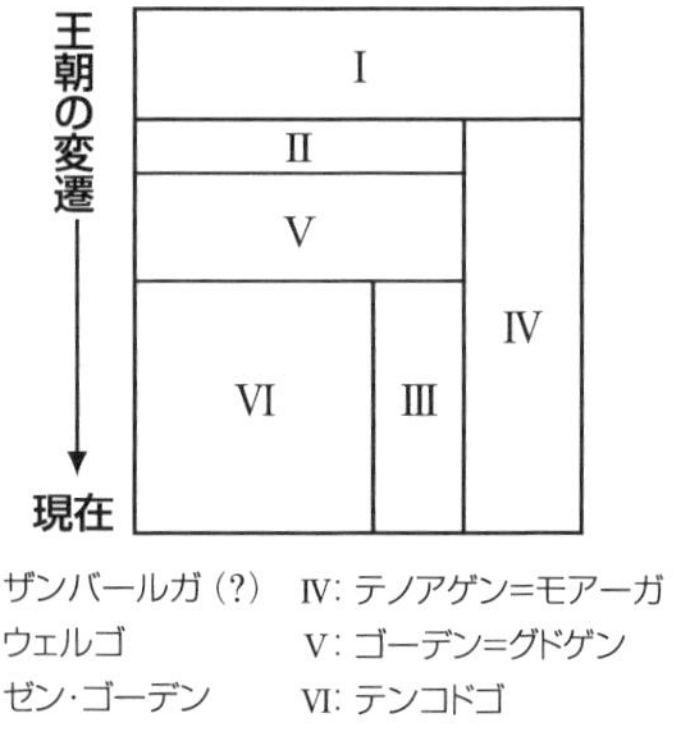

▲図 4 王朝の時間的変遷と朗誦の順序

語りと地理的移動をもとに、王朝の変遷を時間的に模式化したもの。I・II・Vは途中で消えた王朝であるが、Iはすべての王朝の語りに共通する始祖伝承である。VIが現在もっとも力のある王朝。III・IVの地方王朝は現存はしているが、VIの初めの16代シグリの時に併合された。伝承の模式図は征服王朝の紋章を取り込んで作られるヨーロッパの合成紋章に比べられるだろう。

そのことは『古事記』についても、これは独創的で貴重な研究だと思うのですが、国語学者の大野晋《すすむ》さんが『*1本居宣長《もとおりのりなが》全集』の中でとくに長い注をつけて、「初期の神の名前は全体である構造を持っていて、それが一つの神話的なメッセージを成している。つまり日本の世界生成神話として四つの部分から成る。まず中央が定まり力が生まれ、次に混沌浮動があり、土台・大地が出現し、そして泥の中から生命が発現する……というメッセージがある」と述べておられます。中国や東南アジアなどの神話との比較研究も随分進んでいますけれども、これはおそらく日本にだけある物語ではなくて、個別的な歴史というよりは、世界の生成に関する一つのメッセージではないかと思われるのです。これはモシ王国の場合も同じで、他のアフリカの伝承とも共通点が見られます。

また、モシ王国の神話は、ギリシア神話ともかなり似たところがあります。ギリシア神話に有名な「オイディプス神話」というのがあります。オイディプスの父親ライオスは「おまえの息子は将来父親を殺して母と結婚する」とお告げでいわれ、息子のオイディプスをわざと跛行《はこう》者にして荒れ野に捨ててしまう。ところが、めぐりめぐって、結局オイディプスは父ライオスを殺してしまう。そしてテーバイという都に行くと、スフィンクスという怪物が出て困っており、女王はそれを退治してくれた者と結婚するという。オイディプスはそれを見事に退治し、女王と結婚したところ、実は母親であったという話です。

モシ王国の起源伝承をさらに遡ってゆくと、怪物が泉を占領していて住民が水が飲めなくて困っていたのを退治し、土地の娘と結婚して…という、類似のモチーフがあるのです。その退治した息子が足萎えであるというところも似ています。

*1　一七三〇（享保一五年）～一八〇一（享和元年）。十八世紀最大の日本古典研究家。伊勢国松坂（三重県松阪市）生。医業の傍ら、ことばや日本古典について講義。『古事記』を研究し三十五年かけて『古事記伝』四十四巻を執筆した。『本居宣長全集』は全二十巻・別巻三（本居宣長著、大野晋・大久保正編集・校訂、筑摩書房、一九六八～一九九三年）。うち『古事記伝』は九巻～十二巻所収。引用箇所は第九巻の「補説」。

図5 ▶
モシ王朝の建国神話とそれをさらにさかのぼった始祖伝承の模式図

大首長グベワには男まさりの娘(男性的・異常な娘)がおり、馬に乗って戦う。ある日、馬が止まらなくなり(異伝あり)、北から放浪してきた狩人と森の中で出会い二人は結ばれる。その結果、ウェドラオゴ(牡馬の意、娘を連れていった牡馬に由来)という男の子が誕生する。ウェドラオゴを大首長グベワのところに連れて行ったところ、たいそう喜ばれ軍勢を与えられる。

ウェドラオゴは後のモシの国に北上し、ズングラーナ(接見の間を持つ者=大首長の意)という大首長になる。モシの土地の主は、ズングラーナの息子を自分たちを保護するために遣わしてもらいたいと思い、自分のひげの生えた娘(男性的・異常な娘)ポクトエガを家畜小屋の中に待たせ、つむじ風の魔法を使ってズングラーナをそこに連れて行って交わらせる。息子ウブリ(家畜小屋の意)が誕生するが、ウブリが成長し自分のところに来たとき見分けがつくように、土地の主は呪術でウブリを故意に跛行者にしてしまう。

モシの建国神話をさらに遡って行っても、類似のモチーフが形作る、同型の構造をもった神話のメッセージが少しずつ形を変えながら繰り返されていることがわかる。

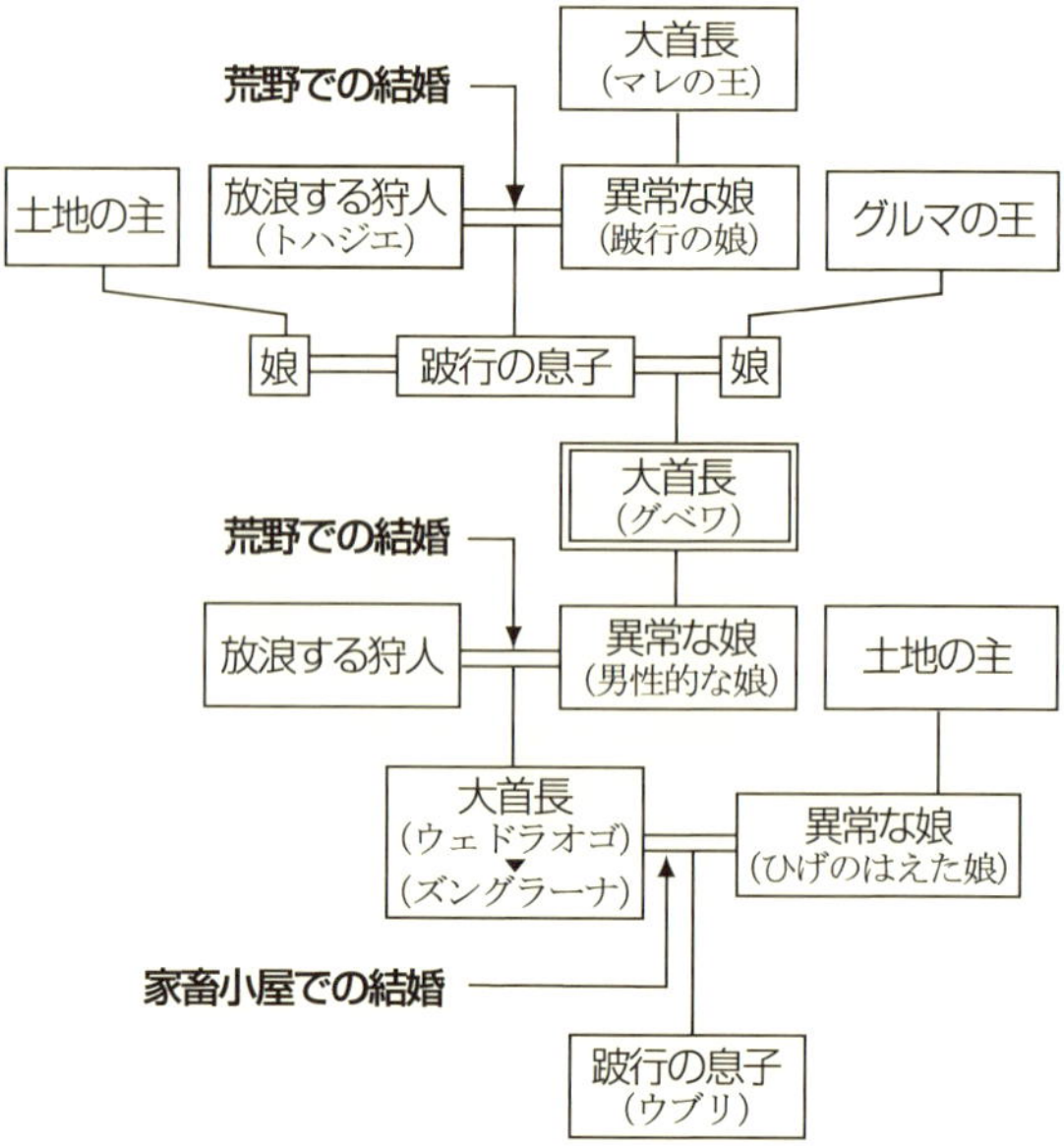

図6 ▶
古事記冒頭で神名が現れる順序(模式図)

古事記冒頭で神名が現れる順序。(大野晋「本居宣長全集」第九巻、『古事記伝』「補説」、筑摩書房、1968年による)

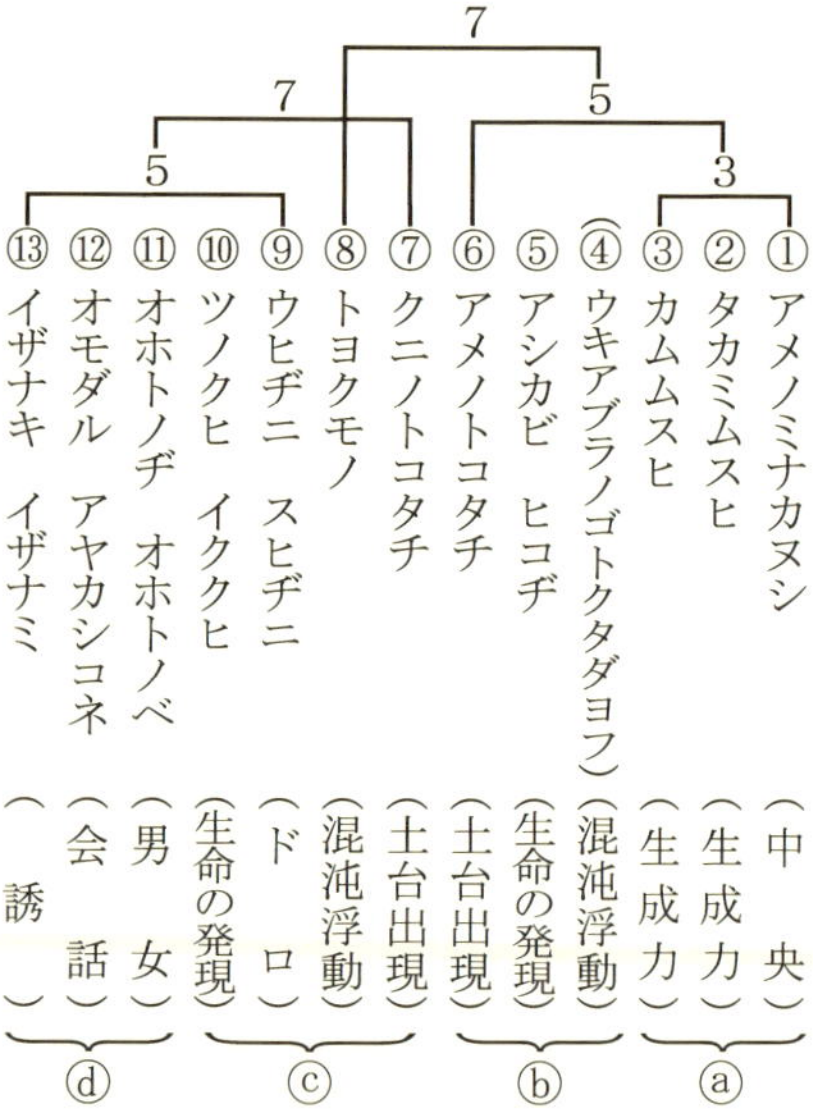

このように始祖神話というのは、異なった地域で同じモチーフが見られたり、構成要素が一部は入れ替わりつつ変換しながら繰り返されたりして、ある一つのメッセージを伝えていると考えられる面があります。

こうした始祖神話、建国神話、そしてその語りにおいては、「時間の前後関係」に従って個々の出来事やその成りゆきを語るというよりは、むしろ、時間の前後関係が問題にならない、いわゆるパラディグマティック（範列的）な「要素相互のあいだの関係」「その全体が表わすメッセージ」がむしろ大事ではないかと思うのです。

◆連鎖的に語られる人の王の物語

それに続く王国形成の混乱期以後、とくに王都をテンコドゴに定めた16シグリ王以降の王たちの物語は、それに対して事の成りゆき、移りかわりを時系列に沿って語ってゆく、いわばシンタグマティック（連鎖的）な形で語られます。

『古事記』でも中巻の後半から下巻になると、ⓐ、ⓑ、ⓒ、ⓓという個々の非可逆的な出来事の連鎖ということが大事になってきます。『古事記』の構成を見ますと、これは今までもよく指摘されてきたことですが、上巻というのは神々の物語であって、神代七代から始まり、神武天皇の父である鵜葺草葺不合命で終わっている。

次の中巻はその子の神倭伊波礼毘古命《かむやまといわれびこのみこと》すなわち神武天皇から始まって仁徳天皇の前まで。これは完全な神様の話ではなく人の物語だけれども、八咫《やた》の烏など神話的要素が強い。しかも個々の記述は比較的単純です。崇神天皇から後は、少し事績が出てきますが、あとはだいたいお妃がだれで、何年在位して——これも百何十年とか実際にあり得ないような在位年数が多いですが——、そういう簡単な記述です。

　続く仁徳天皇から後の下巻になると、仁徳天皇のプレイボーイぶりとか、そのためにお妃が嫉妬するとか、そういう話まで事細かに、天皇の在位の時系列に従って、つまりシンタグマティック（連鎖的）に出てくるのです。

◆文字の導入と歴史意識の変化

仁徳天皇は五世紀の前半に大和の国にいたと思われますが、東野さんのお話のように、まさに仁徳天皇の少し前、仏教以前に儒教が伝わってきて、漢字文化というものが、暦とか文字というものがかなり普及してきています。

　さきほどのモシの太鼓言葉にしても、これが太鼓で語られる、つまり太鼓の音で記される、固定される前の口頭伝承の段階では、ある範囲の人々の間に共通に語り伝えられるという集合的な記憶の性格を持っていたと思うのです。しかもそれが世代から世代へと伝えられる。そういう時間的意味でも集合性を持っていた。

　恐らく『古事記』の場合も、古い段階の部分については、ずっと口承で伝えられていたいろいろな断片を、*1稗田《ひえだの》阿礼《あれい》に一度声に出して読み習わせて、それを文字に記した。そういう口承的な段階、口伝えの段階のものは、伝えられるうちに構造化されて、パラディグマティック（範列的）になるのではないか。それに対して、文字化されてからは、今度はシンタグマティック（連鎖的）になり、天皇の代が次々と移っていくという、年代記的性

*1　七〜八世紀の人。『古事記』によれば、天武天皇は諸家に伝わる「帝紀」「旧辞」を整理すべく、二十八歳であった舎人［とねり］の阿礼にそれらを誦唱させたという。七一一年に元明天皇が太安万侶にそれらを選録させ、『古事記』が完成した。

格をもった記述となる。いわば「歴史的な神話」から「歴史」への移り変わりというものが見えるのではないかと思います。文字をもたないモシ王国の場合も、特定の職能者に厳格に継承される、太鼓言葉という固定されたメッセージとして伝えられるのは、連鎖的な「歴史」の部分以後で、神話的な原初の部分は、むしろ故老などのあいだでの、集合的な記憶である口頭伝承によって詳しく語られ、形式化された太鼓言葉の王朝史では、神話の構成要素としての意味を担った名として現われるにすぎないのです。

まだ言い尽くせないことばかりで、十分お解りいただけたか心許ないのですが、アフリカの「文字を必要としなかった社会」の研究も、このように例えば『古事記』における歴史意識や、文字の使用を考える上でも、幾何学の証明問題における補助線のような役割として、参考になるのではないかということを申し上げて私の報告を終わります。(拍手)

COLUMN

よむ、かく、となえる

川田順造

文字の発生が、宗教と深い関わりをもっていたことは、フォーラムでも指摘された。世界の大宗教は、文字に記された聖典をもち、教祖、預言者の声によって示された教えを、文字に固定して権威づける。これらの文字を「よむ」とは「となえる」ことであり、文字によって示された教えに従うことだ。だから、分節された意味を担う文字や、文字に対応する分節された「ことば」を用いて、自分で自由にメッセージを作ることにはつながらない。写真にあるような村のコーラン塾に何年も通い、たくさんの聖句を「かき」「となえる」ことができるようになっても、それはアラビア語を読み書きできるようになるのとは、まったく別のことだ。

元来文字を用いなかったモシ社会に初めて文字がもたらされたのは、十四世紀を最盛期として滅んだマリ帝国の、導師（マラブー）やイスラーム化された商人が南下し、コーランの聖句を書いた紙を革袋に縫い込めた護符を、モシの王をはじめ臣下に贈ったり売ったりし、やがてコーラン塾も開いてイスラームを布教するようになってからである。だからモシ語で「よむ」は「まなぶ」と同語で、「コーラン」から派生したkaremという動詞で示され、はるかに遅くフランスによる植民地化にともなって、二十世紀初めに作られたカトリックの公教要理（カテキスム）塾や普通教育の学校を指すのにも、コーラン塾と同じkaren-doogo（doogoは「小屋、建物」の意）という語があてられる。

「かく」というヤマトコトバには、ギリシャ語のgraphôと同じ「掻く」という意味のほかに、「あぐらをかく」「いびきをかく」「はじをかく」に共通する、「目立つようにする」という広い意味場があったのではないかと私は推測しているのだが、「かく」に当たるモシ語のgulseは、まだら斑や縞に彩るという意味のほかに、刻み目や筋をつける行為も指すので、元来無文字だったヤマトコトバの意味場と部分的に重なるといえる。

削った木の棒の先に木炭を溶いた液をつけて、大きな小判形の木板に「かいた」コーランの聖句を、水をかけて飲むと聖なる力が身体に入るという俗信は、モシ社会に限らず西アフリカに広くあるようだ。神仏の名を「かいた」お守りが、ますます盛んに流通している今の日本もふくめて、このような文字の用いられ方は、分節された意味を担った文字を組み合わせて、新しい自由なメッセージを作ることを可能にするという、知識の創造や蓄積へ向かうのとは別の指向をもった文字の側面を表わしているといえよう。

▲西アフリカ内陸、モシ族の村のコーラン塾。乾季の夜、焚き火のまわりで、木の板に墨で書いたコーランの聖句を大声で唱え、暗記する子どもたち。（ブルキナファソ南部ラルガイ地方で、1968年、川田撮影）

第2部 フォーラム

1　文字の誕生

古代中国で、神への伝達のために使われた甲骨文字。それはやがて、政治・経済的な用途へと使用が広がっていく。一方で、アフリカの太鼓言葉のように、空間的に固定されない伝達方法もある。「文字」そのものの根源的部分を少し探ってみよう。

◆文字の始まりは神との対話？

平川　さて、これから、ただいまの五本の基調講演をもとに「古代日本　文字のある風景」というテーマに迫っていきたいと思います。会場からたくさんの質問をいただきましたが、皆さんやはり疑問に思われるところが共通しておりまして、質問の内容がいくつか重なっております。それらを少しずつ織り込みながら、できるだけご質問にもお答えしていきたいと思っております。

まず最初に阿辻さんから、「何のために文字を書いたか」というテーマでお話をいただきました。文字を持たなかった古代の日本はそれを中国から取り入れたのですが、では本家の古代中国ではどのようにして文字が生まれたのか。

先ほどのお話によれば、最初は神との対話のためであって、王が文字を占有していた。殷周時代になると青銅器がさかんにつくられますが、それらに銘文が記録されていく。製作の時期・作器者・由来などを記したものから始まって、国家間の契約や王と氏族の結びつきの由来など、記念的な長文を縷々《るる》と記録したものも現れます。さらにそれが進んで、秦の始皇帝の時代には、国内を統一していく上で文字というものの必要性が大変大きくなった。こういうお話だったと思います。

そこで、「神との対話において文字が生まれる」という、文字の発生の問題について少し議論したいと思います。

阿辻 文字の発生というのは大変難しい問題であり、どのような文化的営為の結果として、なぜ文字というものが生まれてくるのかは、私個人ではとうてい解決できない問題だろうと思います。

ただ、宗教的権力と人間との関係において文字が使われるようになるのは、中国だけではありません。メソポタミアでも、初めは神殿へのヒツジの納入簿などで文字が使われたと聞いていますし、エジプトでもファラオと呼ばれる権力者の国内の統治の道具として、宗教的権威として文字が発生してくる。そういう点で考えましたら、漢字も例外ではないだろうという気がいたします。

その辺はむしろ文字の問題よりももっと大きな人類の歴史、あるいは文化というような方面から考えていくべきことであり、少なくともこの場で私個人がお答えできるような性格の問題ではないだろうと考えています。むしろ川田先生にコメントを頂戴できればと思います。

平川　会場からもそういった質問がありました。文字の根元的な部分について、川田さんいかがですか。

川田　さきほど東野さんから文字と記号がどう違うかという話がありましたが、これはやはり文字というのはあくまで言葉に対応してつくられたものであって、記号というのはもう少し漠然とした、必ずしも言葉に対応しない表象としてできたと考えていいと思うんです。

　漢字は表意文字[*1]ですが、一方で文字は音と対応する方に向かっていき、表音文字が現れました。中国では漢字しかないので、かなりのものは表音的にも使われているわけですが、日本に導入された漢字仮名まじり文は、固有名詞などはみんな表音的に仮名書きにして、表意的なところだけ漢字にした。このように、一口に文字といっても随分それの含んでいるものが違うと思います。

平川　世界史では文字の発生について、古代文明の条件として解説されることが多いのですが、文字の発生する要件のようなものについてはいかがでしょう。

川田　文字の発生についていえば、今、阿辻さんがおっしゃったように、古い時代の文字は、宗教的なものと、それから政治権力というものが結びついていることが多いといえます。しかし、メソポタミアのいわゆる楔《くさび》形文字の系統は、統計や契約のために使われることが多かった。これは、占いから出発した神に向けての文字の甲骨文などとはかなり違った性質のものだと思います。西アジアの宗教は、旧約聖書をはじめとして、神と人間と

*1　文字は大きく「表意文字」と「表音文字」に分けられる。「表意文字」は、文字を作る際に一つの文字で一定の意味を表そうとしたもの。その字形は、事物の形象をかたどったり、概念を図形的に表したり、それらを組み合わせたりしたものなどから成る。絵文字・象形文字・漢字などが含まれる。一方の「表音文字」は音を表すために作られた文字で、文字自体は意味を持たない。一つの文字で音素を表す場合（ハングル、アラビア文字、ラテン文字など）と、音節を表す場合（仮名文字など）がある。仮名文字は表意文字である漢字の音を取って作られた表音文字である。

の契約というところから始まっている。契約の観念というのはその後、西アジア文明を引き継いだ一神教の世界、欧米世界でも強く残ります。

それからやはり、本日も話題に出てきた暦も文字に関係しています。アメリカ大陸のマヤでは暦に結びついた精巧な絵文字の体系ができている。ただし、これはいわゆる言語に対応した文字とはいえず、暦に対応したしるしのようなものです。

もうひとつ、文字と宗教についていえるのは、世界に広く力を持った大宗教はみんな書かれた聖典を持っているということです。仏教のお経にしても、儒教にしても――仏教、儒教は神なき宗教ともいわれますし、宗教に含めてよいのかわかりませんが――いずれも聖典がある。旧約聖書も聖典で、そこからユダヤ教とキリスト教とイスラム教という、その後世界に非常に大きな力を持つようになった一神教が出たわけですが、どれも書かれた聖典を持っている。イスラムの場合にはアラーがマホメットの口を通して、信者に向かって通俗的な言葉で〝こら、おまえたち〟と直接語りかける形で書かれています。ただ、そこで注目したいのは、神や預言者は文字によってではなく、声の力で最初の信徒たちの魂を変え、神や預言者の声の言葉を文字にしるしたのは信徒たちだということです。原初の声の教えが文字に固定されると、そこで文字によって権威づけられた「正統」の考え方が生まれ、それに対する「異端」も出てくるわけです。

◆道具としての文字

平川　川田さんの報告の冒頭で、文字の本質的な部分を、「遠隔伝達性」「反復参照性」

「個別参照性」「立ち止まりが可能」といったキーワードでまとめていただき、たいへんおもしろく伺いました。また、太鼓言葉については「遠隔伝達性」が普通の言葉よりも高いというお話もありました。

「声や考えを記号にして固定する」という意味では、文字・結縄《けつじょう》・太鼓言葉などは共通部分があると思うのですが、この「固定」という点について、文字と太鼓言葉の共通点・違いなどはいかがでしょうか。

川田　太鼓言葉が声や考えを固定する力をもつのは、一定の音声言語に対応する太鼓の打ち方をくり返すことで、太鼓を打つ手の動きの運動連鎖として、一種の身体化された記憶になるからです。文字を書く行為でも、言語の分節、つまり単位になっている要素を書くために、反復によって獲得される運動記憶は重要ですが、その分節された単位を自由に組みあわせて新しいメッセージを作ったり、作る過程で手をとめて考えを練ることが可能です。一方、太鼓言葉は、私が主に研究対象としてきた、王名を主体とする王の系譜語りのように、あるフレーズ全体の、音としての相貌、ゲシュタルトというべきものを、手の運動連鎖として、立ち止まりが不可能な時の流れのなかで再現します。文字の場合のように、意味が高度に分節され、しかも時間が消去された記号とは、その点で根本的に違うと思うのです。

平川　文字になると、加工の自由度が増し、立ち止まっての再考が可能になるわけですね。

さて、文字についてはいくつかの切り口があると思うのですが、機能面で切って説明すると、「文字とはある集団内の言語を符丁化したもので、その符丁を共有する人同士であれば、時間・空間を超えてことがらや考えを伝えることが可能な伝達道具である」という説明もできるでしょう。

そうした「伝達」という面で考えると、私が個人的に阿辻さんの報告の中で非常に興味を持ったのは、甲骨文字から青銅器時代初期の段階には、書かれた文字は神に対するもので、埋納してしまったり、人間が見ることのできないような内側に記しているという話です。特に青銅器の銘文の書き位置の問題を指摘していただいたんですが、それが春秋時代の晋ぐらいになると、わざわざ金象嵌で青銅器の外側の一番見やすいところにこれ見よがしに記録されているという。

これは恐らく日本の初期の文字文化を考えていくときに、あるいは日本の文字文化全体を考えるときに非常に示唆的なことではないかと思うんです。先ほど東野さんがおっしゃったような日本の文字の本格的な始まりというものを五世紀に置きますと、例えば「王[*1]賜」銘鉄剣とか、あるいは稲荷山鉄剣[*2]は、象嵌をして文字を非常に目立つ形で見せている。しかし逆に、ずっと後の墨書土器の世界になると、今度は神仏に願いごとをするときに、食物を盛っているのにもかかわらず土器の内側に書いたり、あるいはさかさまにして書いたりしている。こうしたあり方と非常に何か共通するところがあって、興味深いと思いました。

そういう点でいえば記銘の位置は重要な問題かなと思ったんですけれども、その点はいかがですか。

*1 148頁参照。
*2 145頁参照。

阿辻　記銘についていうならば、やはり青銅器の金文がもっとも象徴的ですね。甲骨ははじめから文章を書いたものですから、なにかの器物に銘文を記録したというものではありません。しかし青銅器は、肉を煮るための鍋とか、酒や水をいれるための道具というのがその本来のあり方ですから、そこに文章を記録することは、本来は二義的なことであるはずですね。ただ、それが宗教儀式に使われるものであったがゆえに、銘文が記録されたわけですが、それにしても、外から見えないところに記録するのは、やはり特殊な背景があったからにちがいありません。

ところで、よく学生相手に授業をするときに使うたとえなんですが、私は文字を含む文化というのは太い巻き寿司のようなものだと説明します。実際の巻き寿司というのは、かんぴょうとかシイタケとかいろいろ入っていて、どこを切っても同じような断面に見えるわけですが、文化という巻き寿司には中を縦横無尽に走っているかんぴょうがあって、三つ葉があって、シイタケがあって、その中の具は決して直線的ではないけれど、巻き寿司のどの部分にもかんぴょうもシイタケも三つ葉も入っている。例えば、漢という時代で巻き寿司を切ってその断面を見る。かんぴょうが文字であると考えますと、ほかのシイタケや三つ葉などと有機的に関連を持って巻き寿司の断面の中に見えるわけです。殷という時代で巻き寿司を切る。漢という時代で巻き寿司を切る。唐という時代で巻き寿司を切る。このかんぴょうが太くなるか細くなるか、それはそれぞれの時代によってまちまちであろうと思いますが、いずれの時代においてもかんぴょうで象徴されている文字は、ほかの要素と有機的に関連を持っているわけです。

例えば殷という時代で切れば、甲骨文字あるいは青銅器の金文というかんぴょうが出てくるわけですが、そのかんぴょうは非常に細いものであるに違いない。そして、その細いかんぴょうは、例えばシイタケである経済、玉子焼である軍事、あるいはデンブである芸術などさまざまな要素の具とともに、文化を構成する一つの素材としてほかの素材とかならず絡んでいる、それを全体を通じて考えるものが文化の歴史ではないかと思うのです。

さて、今提起された人と文字と神、という問題は非常に大きな問題であり、甲骨文字の時代から始皇帝の時代へ向かってかんぴょうはだんだん太くなってくるという流れはあるわけですが、文字という一つのメディアが人間と文化との絡みの中でどのように位置づけられているかというのは、時代を輪切りにして初めて見えてくるのではないかというふうに考えます。

例えば、甲骨文字の時代に神と人間の橋渡しをしていた、それが始皇帝の時代になって量《ます》などに機械的に複製される文章になってきた。それはなぜかと問われれば、それは文字だけでなく、政治・行政・経済・芸術すべて含めた文化=巻き寿司の具がどのようにねじれてつながっているか、それを見ない限りわからない。文字だけの変化・発展というものを考えることはできないのではないかと私は思います。

平川　文字そのものの始まり、そして発展の問題は、我々歴史学の立場でも、阿辻さんのおっしゃるようにいろいろな切り方・比較を行っていかねばならない大きな課題ですね。さらに川田さんのような文化人類学の視点、言語学の視点、その他さまざまな視点から、今後も考えていきたいと思います。

2 本格的な文字文化の始まり

二世紀〜四世紀の先駆的な資料を経て、五世紀段階には文章を成した資料が日本列島内でも見られるようになる。中国・朝鮮半島のパワーバランス、中国を中心とした「文字を用いた外交」…。東アジアの動きに日本が巻き込まれる中で、文字はどのように広まっていったのだろうか。

◆二〜四世紀の日本列島内の文字

平川 さて、先ほどの東野さんの説明では日本列島における本格的な文字使用を五世紀ごろからと考えているのですが、それ以前の二世紀から四世紀ぐらいの文字資料をとりあげてみましょう。東野さんは弥生から古墳の初めぐらいの土器に書かれた文字というものは、十分に相手に意思を伝達する、あるいはいろんな情報を伝達するにはあまりにも乏しい点で、文字とは認めがたいということでまとめられたんですが、いかがでしょうか。

東野 先ほど記号と文字の問題で一つ示唆をいただいたんですが、言葉と結びついたものが文字であり、そうでないものは記号である。定義としてはおっしゃるとおりなのですが、例えば「田」という字が書いてあるとされる土器、それを「田」というつもりで書いているのか、そうではなくて言葉に結びつかない記号として書いているのかというところが判断しにくい。その問題は、ほかの一字だけで出土している文字についてもありまして、実はもっと類例が出てくるのではないかと思っていたのですけれども、案外にそれがまた途絶えてしまいました。そんなわけで、初期の段階では言葉を書く手段として漢字が入ってきていたのかどうかちょっとわからないというのが僕の感想なんです。

平川　「魏志倭人伝」に「鬼道を事とし、能《よ》く衆を惑わす」という記事がありますが、この卑弥呼は、果たして占いをしたときに中国に学んで文字を用いていたのか、なんていうのは今のところ資料がないので何ともいいがたいですね。

東野さんがおっしゃった二世紀から四世紀の資料については、私も同じような仕事をしたことがあります。でも、どこまで文字を理解していたのか、意味があって書いたのかという点では確かにまだよくわからないという、同じような感想です。これは類例が増えないとなかなか答えは出せません。一時期、「日本最古の文字」という見出しが何度も新聞の紙面をにぎわして最古合戦をやったことがありますが、あまり意味のあることではないという気もします。その点について何かご意見ありますか。

阿辻　私、かつてＮＨＫの「人間大学」というテレビ番組に出演したことがあり、種子島広田遺跡出土の「山」という字を話題にしたことがありました。そのときに、「山」という字の解釈に関連して、将棋の駒の「歩」の裏にある平仮名の「と」の字を取り上げました。ところが、この「と」がなぜ「歩」の裏に書いてあるのかがわからなかったので、ディレクターの一人が日本将棋連盟に問い合わせたところ、そういう質問を受けたのは初め

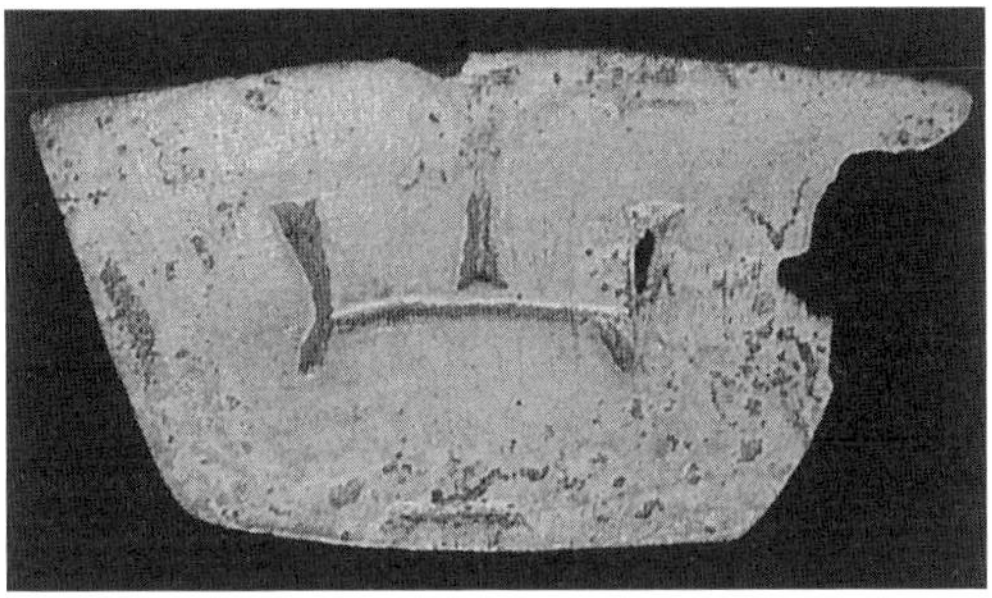

◀貝製の装飾品である「貝札［ばいさつ］」に、「山」字とも見える文様が刻まれている。かつては弥生時代後期のものとされていたが、近年では七世紀ごろまで下るとする判断も有力。鹿児島県種子島広田遺跡出土。（金関恕氏保管）

てだと将棋連盟はびっくりして、一時間ぐらいかかってようやく回答をいただきました。回答は「金」という字の草書体と思われるという見解でした。

そうしますと、我々は将棋の駒の裏を見るときに、平仮名の「と」だと理解するけれども、それは果たして本当に平仮名表音文字の「と」なんだろうか、という疑問がおこります。つまり、墨書土器を素人が見ると、一文字だけぽんと書いてある、これが果たして本当に文字かと考えれば、少なくとも中国の文章を読みなれてきた人間から見ると文字であるとは思えないということです。

平川　この資料以外にも、墨書土器の一文字で、それが記号なのか文字なのか判断に迷うというのは、確かに現実の資料の中にたくさんあります。恐らくきちんとした訓練を経て文字を憶えたのではなくて、目で見て憶えた文字というのがあるのでしょう。瓦や土器が生乾きのときに篦《へら》などで書いたものを調べると筆順がわかるのですが、筆順が全くでたらめですし、同じ集落の中で同じ文字が何種類も出ると、きちんと書いているものもあるし、それを見よう見まねで書いているものもある。つまり集団の中で書ける人と書けない人がいて、書けない人は模倣という形で書いて、同じような願いをしていたらしい。そういう面では、これらの「まね文字」は記号化されたもの、一種の記号と考えていいと思っています。

東野　今の「山」については、阿辻先生は漢字というふうに判断されるのですか。

阿辻　「山」ですか。「山」というのは、例えば中国では死者の胸にこういうデザインの図案を書いたペンダントを置くという習慣があったことが伝わっていたのではないでしょうか。私は、あれは「仙人」の「仙」の旁《つくり》から取ったもので、文字ではなくてデザインだと考えています。

東野　私もあの資料についてはちょっと前から考えているんですが、彫ってある線が主体なのではなく、線によって隔てられている部分が主体だという論もありますね。けれども、それをどういう意味で使ったかは別として、やはりあれは「山」という字でいいのかなという気は僕もしております。中国の戦国時代の鏡で「山」の字だけを入れているのもありますよね。雷文の一種という解釈がありますが、「山」をいくつか組み合わせたようにもみえるし、何か「山」という字にそういう特殊な意味があるのでは……。

阿辻　鏡の銘文だったら、例えば「作鏡」と書くときに、「にんべん」と「かねへん」は書かないでしょう。

東野　そういう、通常の鏡で銘文が入っているような位置ではなくて、平らな面に入っているのです。

阿辻　「山」ではなくて「仙」という字で読みかえたら、それはデザインとして入っても不思議ではないんではないですか、鏡にも。

平川　この種子島の「山」の字の資料は今回も展示しているんですけれども、弥生のものではないという説も出てきて、今は

▲鏡の背面に「山」に似た文様がデザインされている。殷周時代の青銅器に見られる雷文に由来する文様という説がある。（村上英二氏蔵）

年代幅も二世紀から七世紀なんていう何かわけのわからない資料になってきました。私は、あれが装飾文様なのか文字なのかということでは、まだまだ議論を呼ぶと思います。

◆大陸連動で始まった本格的文字文化

平川　さて、中国で始まった文字文化の流れを考えていった場合、神との対話から始まってやがて行政での使用という形になる。では、文字がないところへ文字を輸入して文字文化が始まった日本列島ではどうかといえば、東野さんからのお話にもあったように、五世紀段階の文字の本格的な使用開始期から、日本では極めて行政的な文字として出てきています。

フォーラムのレジュメの表紙にした資料で、朝鮮半島出土の銘文入りの太刀があります。稲荷山鉄剣の非常にやわらかい象嵌と似ているということで注目されている資料です。この分析は東野さんが担当されたので、少し説明をいただければと思います。

東野　上が折れてしまっているのですが、刀の峰の部分に文字が入っていました。ずっとさびに覆われていたので、文字があるとわかったのが近年のことなんですけれども、研ぎだして、保存処理されて、今回、歴博で展示されています。

その書体ですが、非常に丸い字画が多い書き方です。下から七字目に「高」という字がありますが、「口」が真ん丸に表現されているとか、その二つ上の「富」という字では、「田」が隅丸の「田」となっているというような書き方です。その下の「貴」ですが、これも「貝」の部分がそれこそ楕円形になっている。この丸い字の書き方というのは根本は

不畏也□令此刀主富貴高遷財物多也

韓国の加耶地方出土と伝えられ▶る鉄刀。五世紀の制作と推定されている。(東京国立博物館蔵)

▲◀埼玉県行田市稲荷山古墳出土の鉄剣。「辛亥年」(471)に始まる115文字の金象嵌銘がほどこされている。(埼玉県立さきたま資料館蔵)

辛亥年七月中記乎獲居臣上祖名意富比垝其児多加利足尼其児名弖已加利獲居其児名多加披次獲居其児名多沙鬼獲居其児名半弖比

其児名加差披余其児名乎獲居臣世〻為杖刀人首奉事来至今獲加多支鹵大王寺在斯鬼宮時吾左治天下令作此百練利刀記吾奉事根原也

隷書なんでしょうけれども、稲荷山の鉄剣なんかにも見られる特徴です。

五世紀のもので、出土地がはっきりしませんけれど韓国の恐らく加耶地方じゃないかといわれています。骨董屋を経由して博物館に購入されたもので、第二次大戦前に内地に入ったもののようですが、出どころはよくわからないという資料です。

平川 内容もちょっとご説明いただけますか。

東野 上にも文字があったのでしょうけれども、残念ながら折れています。最後のところは、「この刀を持っている人は非常に豊かになり身分も高くなって財産が多くなる」と読めます。いわゆる吉祥句です。これにもし個人名とか年代が書いてあるともっとおもしろかったんですが、ちょっとそこが惜しいところです。

平川 稲荷山鉄剣の銘文にも吉祥句の部分がありますから、銘文にも類似点が見られますね。象嵌の技法・書体・銘文の内容など類似点が多く、朝鮮半島からの影響を示すよい資料だと思います。象嵌もたいへん見事です。今回展示していますから、皆さんもぜひご覧になってください。

もう一つ、東野さんの発表の中で、今まであまり我々の側できちんととらえていなかった問題があります。倭国における文字の本格的使用を五世紀以降と考えたときに、時をほぼ等しくして五世紀後半の雄略朝ごろから、いわゆる中国の暦日を使った記録がつくり始められるのではないかという問題です。先ほど川田さんの話の中に出てきた「時」の問題とも深くかかわるんですが、暦の導入が文字使用の契機のひとつになったのではないか。

この五世紀に、倭国で本格的に文字使用が開始されるという背景をちょっと東野さんの方から説明願います。

東野　確実に「こういうことがあってこうだ」といえるわけではなくて、「大勢としてこうなんだろうな」という感じなんですけれども、そのころ外交関係に一つ変化があったと思います。

つまり邪馬台国時代には、中国との接触は帯方郡《たいほうぐん》[*1]など、中国の出先であった韓国の拠点がまだ機能していて、そこが取り次ぐ形で行っていた。それに対して五世紀後半、倭の五王[*2]の時代の終わりごろになると、中国が漢の時代に植えつけた力が朝鮮半島でなくなっていって、それぞれ地元の勢力が自立してくる。ですから、日本は対中国関係を日本独自の力でやらなければならない。

そうすると、たとえば「魏志倭人伝」の時代だったら、帯方郡で外交に必要な文書は書いてもらって、届いた中国の文書は読んでもらってということもあり得たと思うんですが、それが国内に読み書きのできる技術者を抱えなくてはならない状況になったのではないか。

その辺が一つ違ってきたところで、それが日本に漢字文化が根づくきっかけになっているのではないかと考えています。本当にそうかどうかはちょっと保証の限りではありませんけれども。

平川　中国王朝と倭の五王の本格的な交渉が始まり、中国から王権を認められ、朝廷のきちんとした記録を作成し始める……というふうに、連動すると考えられるわけですね。

東野　そうです。そういう文筆集団のようなものが朝廷の組織の一つとして形成されてき

＊1　遼東地方の豪族・公孫氏が、戦乱によって衰微した後漢王朝から自立すると、二〇四年ごろに朝鮮半島中西部の楽浪郡を維持、強化するために、その南（黄海道鳳山郡）に帯方郡を設置した。公孫氏は二三八年に魏によって討滅され、帯方郡は魏の領有下に入り、西晋末の三一三年韓族に攻略された。日本では卑弥呼が朝貢したことで知られる。

＊2　『宋書』倭国伝にみえる五人の倭王、讃・珍・済・興・武のこと。応神天皇以下の五世紀頃の天皇に比定される。

て、そこで外交だけではなく、朝廷の記録も整備するということになる。さらに朝廷の経済基盤を運営していくためにも、文字を使い出すということではないでしょうか。

平川　たとえば五世紀中ごろまで年代が遡るとされている、千葉県市原市出土の「王賜」銘鉄剣、これは王が地方の中小豪族に与えた鉄剣に銘文が記されたものです。こうした行為が、ちょうど五世紀の中ごろから行われる。

　そうなると、国内の政治に本格的に文字が使われ始めて、朝廷の記録を組織としてきちんと定めていく行為が本格的になるのは五世紀段階からだと考えてよさそうです。

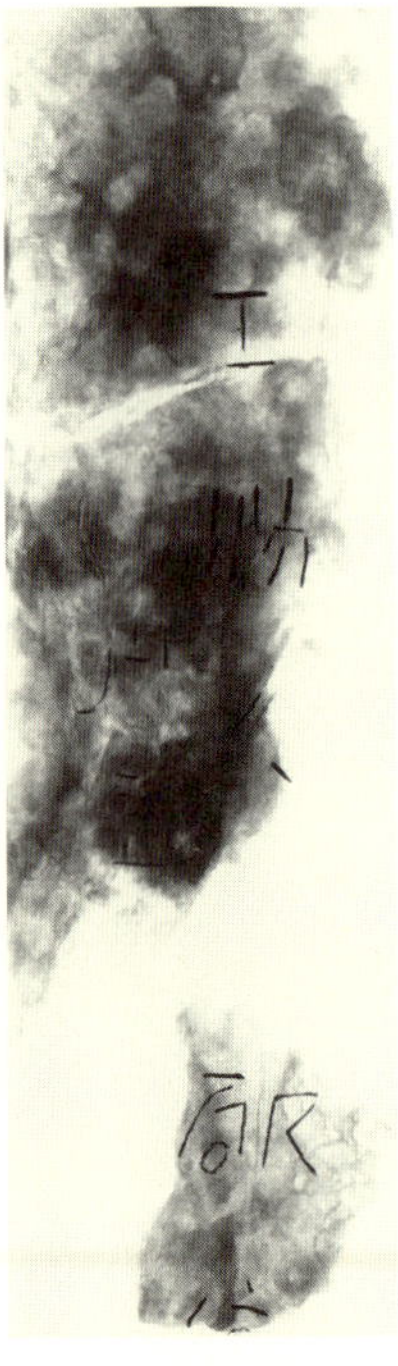

▶千葉県市原市稲荷台一号墳出土の鉄剣。「王賜」で始まる推定十二文字の銘文が銀象嵌されている。古墳築造は五世紀の半ばとみられる。（市原市埋蔵文化財センター蔵／右：滝口宏監修『「王賜」銘鉄剣概報―千葉県市原市稲荷台一号墳出土―』吉川弘文館より／左：永嶋正春氏提供のX線写真）

3 文字の浸透と宗教

日本国内の文字資料がほとんど見つかっていない六世紀。一方、記紀の記述によれば、この時期、仏教にまつわる文物が大陸から招来され始めた。仏教を理解するには、仏名や経典など、文字によって表わされた内容を理解する事が不可欠だ。空白の六世紀を宗教を中心に考えてみる。

◆空白の六世紀と仏教

平川　ところが、六世紀に入りますと、本当に資料がございません。隅田《すだ》八幡の画像鏡*1が ありますが、今のところは六世紀の初めごろの資料ということでよいかと思います。それ以外は、木簡にしても、それからその他の鉄剣類もぱたっと出てきませんし、そういう面では空白の六世紀といえます。七世紀になると途端に、都から地方まで含めて日本列島のあちこちから資料が続出していて、それで今回のような研究が非常に進んだということなんですが……。

その六世紀について、今日、東野さんはこれまでの解釈の中で少し薄かった文字文化と仏教とのかかわりということを強く強調されたんですが、もう少しご説明願います。

*1　95頁参照。

東野　これはフォーラムで何か新味のあることを考えなければならないというので、無理やり考えたようなところもないわけではございません（笑）。ですから、仏教との関連でどこまで解釈していいのかということは、これから試されていくのかな、ちょっと恐ろしいなと思っております。

ただ仏教というのは非常に総合的な文化です。例えば寺院を建てるということ、これは建築だけの話ではなくて、土木技術、鋳造技術、それから染色、絵画、いろいろな総合的な技術がそこで動きます。ですから、寺院が建てられ始め、しかも寺院を運営・管理していくわけですから、文字文化にとって実務的な面だけでもやはり大きなことだろうと思うんです。

実は本格的な寺院が建てられだすのは六世紀のごく末、飛鳥寺からですから、そんなに遡りません。しかし、大陸から入ってきた仏教的なものを安置する場所を作るという行為は、仏教伝来と同時に恐らく始まっていると思います[*1]し、それらを支えていく経済的な運営も必要です。仏教というのはそうした波及効果を持っているだろうと思います。

そして何より、仏教の中身を理解しなくてはいけない——実際どの程度理解できたかどうかはわかりませんが——そういうことにはなったはずですから、仏教を契機にして、たとえ理解できなくても「文字というのはすごいものだ」というような感覚もやはり入ってきたのではないか。文字が身近なものとして列島内に入ってくるきっかけになったのではないかなと思ってます。

平川　朝鮮半島における初期の文字文化と仏教の問題について、少し李成市さんに。

＊1　たとえば『扶桑略記』によれば、継体天皇十六年（五二二）に司馬達止が中国（南梁）から渡来し、飛鳥の坂田原に草堂を構え仏像を礼拝したという。

李　『三国史記』*1には、小獣林王二年（三七二）に〝前秦の僧・順道が高句麗に仏像・経文を伝えた〟とあって、高句麗の仏教の受容は、この頃だといわれています。これを疑う説もあるんですが、慧皎の「梁高僧伝」の中に〝「高句麗道人」と中国（東晋）の僧・支遁（三六六年没）との間に手紙のやりとりがあった〟という記事が出てくるんです。ですから、『三国史記』の記述を一応信じていいんではないかと考えています。

　それから、その年に高句麗では太学*2を設けたという記録も出てまいります。*3釈奠《せきてん》などの儒教上のお祭りを実際にやったかどうかわかりませんが、いずれにしても、このような文化状況を考えてみますと、相当な文字文化の水準を前提にしなければありえないわけですから、東野先生がおっしゃったように仏教のインパクトというのはやはり高句麗の文字文化の画期的な飛躍としてあり得たんではないかと感じます。先ほどの日本の飛鳥寺に関連づければ、高句麗では、『三国史記』小獣林王五年に伊《い》弗蘭寺《ふつらんじ》と肖門寺の造営が記されています。これらを総合しますと、高句麗の場合には四世紀の半ばを過ぎたころ、楽浪郡の滅亡後しばらくして仏教の本格的な受容があったのではないかと思われます。

　中国側の当時の事情をちょっと考えてみますと、*4鳩摩《くま》羅什《らじゅう》が翻訳事業をやったころと時期的にはそれほど離れていません。中国の五胡*5十六国異民族政権において翻訳事業が始まる以前の早い時代に、高句麗に本格的に仏教が入ってくるだろうかという疑問も当然出るわけですが、よく考えてみますと、高句麗と五胡十六国の政権の民族というのはそう違わない民族なんです*6。高句麗が北方の民族と絶えず交流をしていることを考えると、この時期の移入もあり得るのではないか。それから中国社会に仏教が定着したのも、実は北方民

*1　76頁の注参照。

*2　儒教の四書の一つ『大学』に由来する、古代の中央における学問・教育のための機関。

*3　孔子をはじめ、儒教の賢者の徳を称え、追慕する祭礼行事。朝鮮王朝では国家祭祀として五〇〇年にわたって行われた。日本にも八世紀ごろ伝わったとされる。

*4　三五〇頃〜四〇九年。中国の南北朝時代初期に、インドの仏教経典を漢訳し仏教を広めた西域僧。主な訳出経論に『坐禅三昧経』『阿弥陀経』『大品般若経』『妙法蓮華経』『維摩経』『大智度論』『中論』など。

*5　三〇四年〜四三九年まで、中国華北に興亡を繰り返した「五胡」および漢人の諸国家の総称。もしくはその時代。この時代、胡族君主によって仏教が信奉され、鳩摩羅什らの西域僧により仏典漢訳が行われたほか、道安（三一四〜三八五）らの漢人僧も君主の尊崇をうけて中国仏教の発展に寄与した。

*6　76頁参照。

族が受容したからこそ、仏教のような漢民族にとって受け入れがたい異質なものが入ってこれたのだと考えますと、さらに納得がいく気がします。

阿辻　ちょっとよろしいですか。ただいまの中国社会における仏教の定着の問題と関連して思いついたんですが、門外漢の発言としてお聞きください。

　漢字を使うというのは技術であって、技術を掌握しなければ漢字は使えないわけですね。そうすると、学習と教育と、そしてその勉強という作業が必要になります。

　中国の場合、隋[*1]の時代に科挙[*2]という試験の制度ができ、その後、辛亥《しんがい》革命[*3]まで、基本的に学問というのは儒学の経典を読むことになりました。

　日本には儒学の経典はもちろん入ってきておりますけれども、むしろよりたくさん勉強されたのは仏典ではないか。日本人が漢字を勉強して、より深く漢字を理解しようと思う、その場は恐らく仏教の仏典の研究だったんではないかという気がするんです。先ほど東野さんの発表を伺っていまして、仏教文化の展開とともに文字文化というのは大きく変わってくるに違いないわけで、これは日本語の後の発展に大きく関係してくるんだろうと感じました。

　『千字文《せんじもん》』[*4]や『論語』が日本に来ているということは間違いない事実ですし、それらが日本の漢字文化にはそれほど大きな影響を与えなかったとはいいませんが、むしろ仏教の学習の影響が大きかった。国家権力としては仏教は国の統治というメディアでもあったんでしょうけれども、一般から見ると漢字と漢文の学習というのは仏教を通じて浸透していったのではないかという気がいたします。

＊1　92頁の注参照。

＊2　中国で隋の時代から清の終り頃まで行われた官吏登用制度。詩や儒教など古典の教養が問われた。時代につれて科目や選抜方法は変遷してきたが、唐代では秀才・明経・進士・俊士・明法・明算の六科目に分かれ、宋代に至って進士・明経・明法の三科目となった。また、試験の段階も解試（郷試）・省試（会試）・殿試の三種に分かれた。解試は地方の試験官が行い、省試は尚書省礼部で行い、殿試は天子みずから行った。科挙は朝鮮・ベトナムでも行われた。

＊3　一九一一年一〇月一〇日、孫文の中国革命同盟会が湖北省でおこした反乱に始まった革命。中国最後の王朝清を倒してアジア最初の共和国である中華民国を樹立した。

＊4　67頁の注参照。

◆道教と文字

平川　『論語』『千字文』の話が出ましたが、これは後でぜひ触れたいと思います。

仏教のほかにもう一つ注目したいのが、先ほど李成市さんの報告[1]の中にあった、五世紀初めの壺杅《こう》塚の青銅製のお椀の中に書かれている道教の呪符です。こうしたものが、既に五世紀段階で出現している。一方、日本列島ではだいたい八世紀ぐらいから各地でこういうものが広まります。

道教というのは非常に摩訶不思議でとらえようのないものですけれども、まず朝鮮半島における状況はいかがですか。

李　私の能力の問題もありますが、朝鮮半島では道教というジャンルについての研究が十分でなく、日本や中国で研究されているような水準で申し上げることができないのです。例えば、この壺杅の呪符のようなものは、高句麗以外の地域でも、特に新羅や加耶の地域で土器などに刻されたものがたくさん出ております。それはどうも高句麗に起源があるらしく、四世紀以降の高句麗の南進と関わっているのではないかという指摘もあります。それくらいのことしか今のところは申し上げられません。

道教と関連づけている人がいるかどうかわかりませんけれども、先ほど迎日冷水碑と蔚珍鳳坪碑という六世紀前半の[2]二つの新羅碑を紹介しました。迎日冷水碑の方には、財産相続をめぐってある地域で在地

*1　41頁参照。

*2　61頁、62頁参照。

◀韓国出土の青銅製の壺杅。底面の銘文上部に「井」のような記号がみえる。(韓国・国立中央博物館蔵)

有力者間の争いが起こった。それを新羅の高官がやってきて調停した。その調停の内容を神に伝えているのですが、そのことを碑文は、牛を殺して、祓いの言葉を天に申し上げる、というように刻しています。蔚珍鳳坪碑の方は、奴人（旧高句麗民）に新羅の王命に従って幹線道路の整備を行わせたところ、在地首長たちに罪科があったので、六十叩き・百叩きの刑に処した上で、「もしかくのごときあらば罪せらるるを天に誓う」というような内容が記されています。この「天に誓う」の前、文章の中ごろの「新羅六部」と書いてあるところに「煞斑牛《さつはんぎゅう》」とあります。この「煞」という複雑な字は「殺」と同じ意味の文字ですが、やはり牛を殺して天にささげている。これなどもやはり宗教的な儀礼ではありますが、そのような祭祀が挙行された土地は古来、*1濊《わい》（穢）族の居住地であることを考えますと、新羅の固有の祭祀というよりは、道教的なものを考えていいかもしれません。

平川　ありがとうございます。金石文の中でも、道教的な影響が読み取れるわけですね。宗教と文字の結びつきというのは、神と人の関わり方、経典、権威や呪術性の問題など、さまざまなレベルで見えてくると思います。また、宗教の広まりと共に文字が広まるということも、今後、文字の普及を考えるときの一つのポイントになりそうです。

*1　38頁参照。

4 文字の力

仏教の問題とは別に、より呪術的な祈りを込めて文字が広まるケースがある。それは時代や地域を越えて見られる現象だ。ここでは、日本で古代から現代を通じて見られる記号的な魔よけ文字の使用例と、イスラムのコーランの例を紹介する。

平川　ところで、日本では先ほどの朝鮮半島の壺杅に書かれたこの「井」マークのようなものが、八世紀から九世紀・十世紀代にかけて、列島を席巻するといってもいいくらいたくさん出てまいります。その中には例の「☆」マークみたいなものと同時に出てくるものもあります。

この「井」は現在の民俗事例でいいますと、伊勢志摩の海女さんが、海に潜って岩から貝をはがしとるときに使う「磯ノミ」という道具に、魔よけの符号として付けられています。いわゆる「九字《くじ》」[*1]といわれる符号、縦に四本、横に五本というのが本来の形だと思われます。実際の磯ノミの符号には二種類ありまして、九字できちんと書いたものと、「井」の形に省略したものがあります。

*1　「臨兵闘者皆陣列在前」の九つの文字から成る、密教の邪気を祓う真言。この九字を唱えながら行う邪気払いを「九字切り」（九字を切る）という。まず手で刀を模した印「刀印」を作り、「臨兵闘者皆陣列在前」の掛け声とともに空間を縦四本、横五本に切り邪気を祓う。この縦四本、横五本を図案化したのが「𝄜」である。「九字」を使った有名な陰陽師が蘆屋道満であったことから、この記号は「ドーマン」とも呼ばれる。一方、「☆」印は安倍晴明が使ったとされる「晴明桔梗紋」で「五芒星［ごぼうせい］」「セーマン」とも呼ばれる。蘆屋道満と安倍晴明は最大のライバルとされ、両者の対決は様々な伝聞・書物で伝えられている。伊勢の海女が付ける頭巾には、伊勢神宮・内宮の御朱印を中央に両者の印が並ぶ。

さらにはこれは千葉県の出土例ですが、土器の外側に「佛酒」と書いてあって、底部にはこの「井」が書かれているものがあります。「佛」という字と、道教のまじないとされるようなマークが一緒に書かれている、つまり一つの場に仏教と道教が混じっている。日本列島ではこういったものが混淆した形で非常にもてはやされた時代があるということの例だと思います。

宗教的なものと文字の問題となりますと、また川田さんに本質的な質問をしたいのですが、アフリカにおいてもコーランを書くのにアラビア文字が非常に広範に使用されると聞いております。この宗教と文字の問題について、少しご発言いただけないでしょうか。

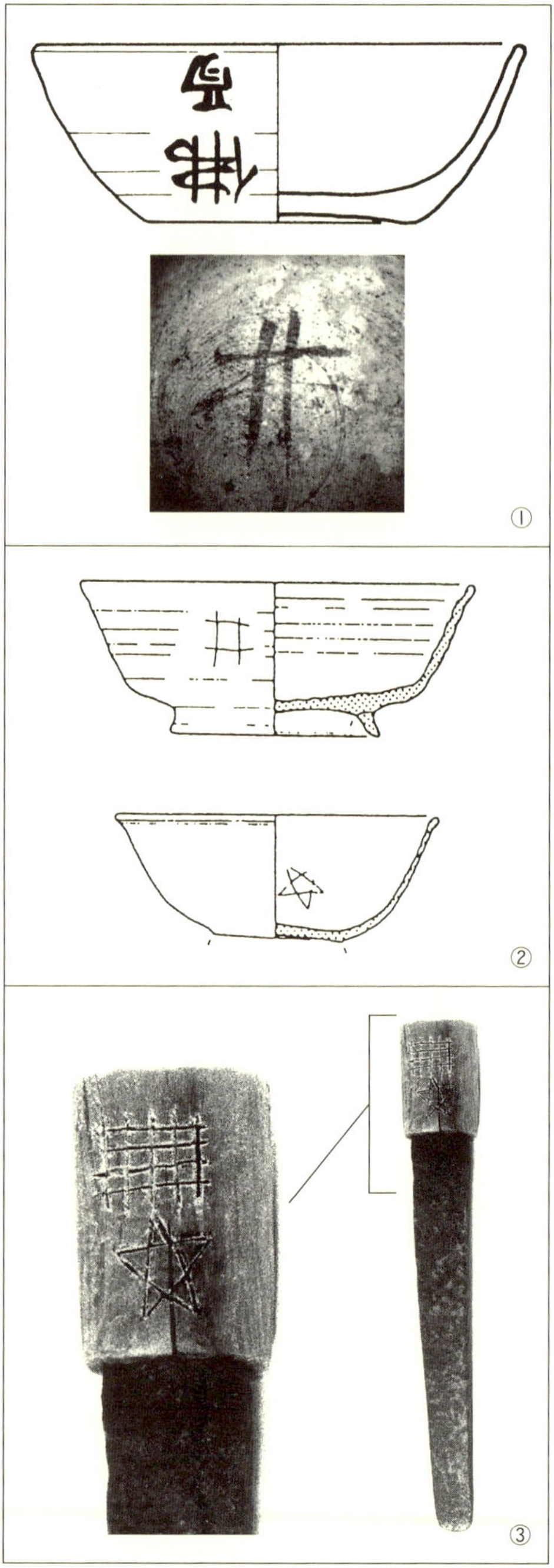

▶「九字」と「五芒星」の例。
①千葉県庄作遺跡出土の坏形土器。九世紀前半頃。「佛酒」と「井」が同じ土器の中に記されている。(『小原子遺跡群』山武考古学研究所提供)
②千葉県花前遺跡出土の坏形土器。上は外面に「井」が、下は内面に「☆」が刻まれている。(千葉県文化財センター提供)
③「九字」と「五芒星」が刻まれた現代の磯ノミ。(海の博物館提供)

川田　ご承知のようにイスラム教は、長い間コーランを外国語に翻訳することを禁止していました。これはキリスト教との非常に大きな違いで、キリスト教の場合は宣教師が異国に行くと、まずその土地の言葉を習って、その土地の言葉に聖書を翻訳するというのが大切な仕事でした。

　ところが、イスラムの場合はコーランを外国語に翻訳するのはわりと新しいことで、とにかくアラビア語で全部「アラー、アクバル…」と憶えてしまう。電灯のないアフリカ奥地でも、夜、脱穀後のモロコシの茎を積みあげて火をともし、その周りにみんな集まります。そしてコーランの聖句を、板に墨で、導師の指導のままに書くわけです。ですから意味なんかよくわからない。ただ、文字としての呪術的な効力が信じられている。

　イスラムを布教する人たちは、聖句を紙に書いて、それを折り畳んで革袋に入れてお守りとして身につける。王や戦士なども身につけます。これと同じようなものは、以前、トプカプ・サライ[*1]のオスマン帝国時代の戦士のお守りでも見たことがあります。

　さて、アフリカの田舎のコーラン学校ですが、板に墨で聖句を書くと申しましたが、同じ板を何度も使うので板を水で洗います。その洗った水を飲むと、コーランの力が身につくといわれております。[*2]

　日本では昔、声[*3]の力が非常に強かった。しかし文字が伝わると、文字に対して一種の信仰が出てきた。さらには漢字を「真名《まな》」と呼び、「仮名[*4]」とは区別する。さきほども仏典と文字の関係が出ましたが、そういうお経などの文句が非常に重視されるようになった。「耳なし芳一」は、魔物に襲われないようにお経を体じゅうに書いたけれども、耳に書

＊1　トルコ・イスタンブールにある宮殿（トプカプ宮殿）。最高権力者スルタンの命により建設された宮殿で、一四七八年完成。十五〜十九世紀にかけて歴代オスマン帝国のスルタンの居城となった。

＊2　128頁参照。

＊3　たとえば稲岡耕二によれば、『万葉集』の中でも古い様相を示す歌（古体歌・略体歌）は、音声によって謡われる集団的なものだったと推測される内容・リズムの歌が多く、文字を使った作歌以前は声による集団の歌謡が行われていたと思われる（『古代日本の文字世界』大修館書店、二〇〇〇年ほか）。また、『古事記』稗田阿礼のエピソードからも、現在もユーカラとして残されているような口承伝承の類が文字記録成立以前に多くあったと推測される。

＊4　「仮名」とは日本語表記のために漢字を基に作られた音節文字をいう。仮名使用は、もともと漢字にあった発音を借りて日本語音を表記する「万葉仮名」に始まり、それをもとに「片仮名」「平仮名」が発生した。仮名の使用は日本語の表記生活に大きな便利をもたらしたが、長い間漢文（「真名」の文）が公的な文体であり、仮名は日常生活用の文字であった。

くのを忘れたために耳だけ取られてしまった、という話ですね。この話もそうですが、文字を皆が読み書きできなかった時代には、文字というものが呪力を持つと考えられていたといえると思うんです。

歌舞伎の花川戸助六[*1]の啖呵《たんか》に、「大門[*2]をずっと潜《くぐ》ると、おれが名を手の平《ひら》へ三遍書いて嘗《な》めろ、一生女郎に振られるということがねえ」というのがあります。これなんかも、「コーランを書いた板を洗った水を飲めば御利益《りやく》がある」というのと似てるような気がして、人間の考えることは時代や土地は違っても共通の面があるのではないかと思います。

平川　ありがとうございました。文字と宗教に関しては、このように日本では八～九世紀段階に各地の集落でみられる「呪術的な文字のあり方」と、前段でお話しした、六世紀段階の「仏教が古代の文字文化を推進した」という二つのトピックがあります。両者における文字と宗教の関係は、かなり違った脈絡にあり、切り離して考えていくべき課題だと思います。

＊1　市川團十郎家のお家芸「歌舞伎十八番」の中のひとつ、『助六由縁江戸桜』[すけろくゆかりのえどざくら]の主人公、助六の通り名。

＊2　吉原（江戸にあった公許の遊廓）の出入口にあった門。

5 文字を学ぶ

文字が広い地域に普及するには、文字が読める・書きこなせる人材が、数多く必要だ。その傍証であるかのように、日本各地で七世紀以降の『論語』や手習いなど中国のテキストを記した木簡の出土が相次いでいる。古代人の文字学習の跡を追ってみよう。

◆出土が相次ぐ『論語』木簡

平川　さて、お隣の韓国では六世紀中ごろの木簡も出土しているわけですが、日本ではまだ残念ながら六世紀の木簡が出土しておりません。七世紀の前半になると、都だけでなく地方からも木簡が発見されています。

徳島市の観音寺遺跡などでは、先ほど紹介されたように『論語』の一節を書いた木簡が出土しています。同様に『論語』を書いた木簡は、非常に数多く各地から出ています。ただし、だいたいは冒頭部分が書かれたものです。木簡に書かれる『論語』の需要という問題は、どのように考えればよろしいでしょうか。

東野　『論語』木簡の出土例が何件くらいあるか、僕はきちんと追いかけてはいないのですが、やはり観音寺遺跡の資料の場合は、徳島県で出ているというのが一つ意義があるところだと思います。

しかも発掘した方によると、年代は古く見て七世紀半ばより少し前の大化改新ごろ、最近では時代をおろした方がよさそうだというので、半ばよりちょっと後かもしれないというようなこともおっしゃっていましたけれども、そういう古い時期のものです。

さらに形状は角柱のようなもので、恐らく棒状のものの四つの面に書いている。それをもう一遍削って別の面を書いたために、細くなったのではなかろうかと思います。これは、中国の古い時代に使われていた「觚《こ》」という木簡の形に似ていることが指摘されております。しかも、そこに『論語』が書かれていた。練習用にそういうものが使われていたという意味でおもしろい資料です。

木簡に書かれているのは『論語』の冒頭ですが、これはほかでも同様で、中国の本を書いたものは、序文であったり、冒頭部分であったりというのが多い。練習しようと思ったとき、その本の最初からやり出して後まで続かないというのかもしれませんが、どうもそういう傾向があります。

子曰　学而習時不亦□乎……

▶徳島県観音寺遺跡出土の木簡（部分）。七世紀半ば前後のもの。『論語』学而篇の冒頭が書かれている。（徳島県立埋蔵文化財総合センター提供）

韓国でも、似た形というか、もっとはっきり四面体になった棒状のものが出ております。ただ年代が確定しておらず、五世紀から六世紀というふうに最初は考えられていたようですが、八世紀ぐらいまで下るかもしれないといわれています。釜山《プサン》の近くの金海《きんかい》にある、鳳凰洞《ほうおうどう》という低湿地遺跡からの出土で、しかもどんな建物があったかなど遺構は全くわからないということですので、時代の判定は非常に難しいかもしれません。

　去年（二〇〇一年）の三月に韓国に行ったとき見せてもらったのですが、もう既に保存処理がされており、むしろ写真の方がよく見えました。これは、『論語』の冒頭ではなく第五巻「公冶長《こうやちょう》」という篇で、中国の書物を書いた木簡としては韓国で初めての例です。実は日本で最初に発見された『論語』木簡の例は、僕が見つけて指摘したのですが、それがちょうど藤原宮から出土した「公冶長篇」で、今から二五年ぐらい前のことです。去年たまたま韓国へ初めて行きまして、出会った木簡が『論語』「公冶長篇」の木簡というのは、なかなか因縁だなと思いました。

阿辻　すみません、ちょっと教えてください。先ほど「觚」とおっしゃいましたが、その木簡に穴はありますか。

東野　穴はありません。それから四面体ですので、觚そのものとはちょっといえないかもしれません。

阿辻　それは文字の練習用とお考えですか。

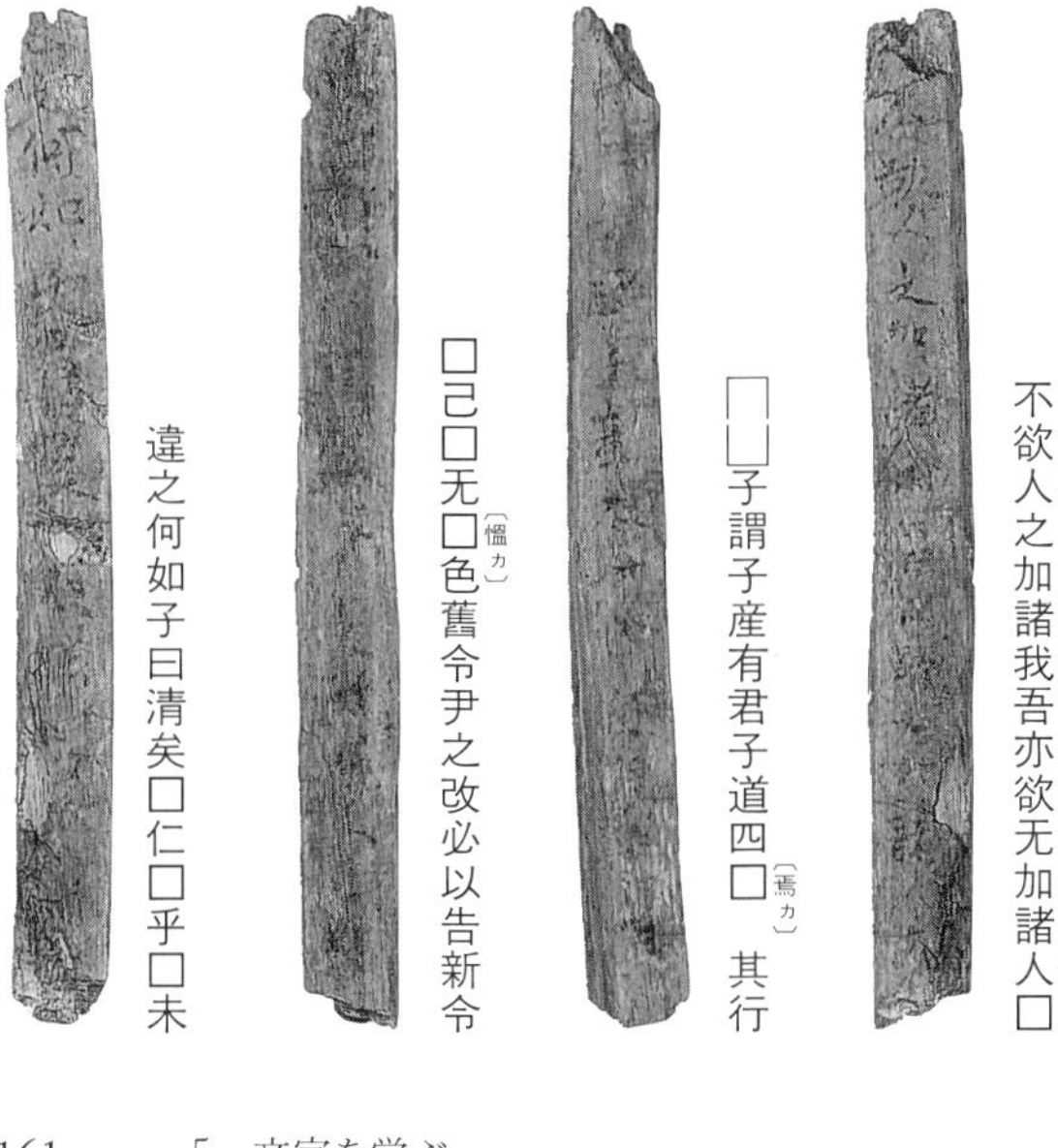

不欲人之加諸我吾亦欲无加諸人□〔子カ〕

□□子謂子産有君子道四□〔焉カ〕　其行

□己□无□〔慍カ〕色舊令尹之改必以告新令

違之何如子曰清矣□仁□乎□未

▲四面体になった棒状の韓国木簡。『論語』が記されている。（韓国・国立釜山大学校蔵）

平川　そこが問題なんです。

阿辻　ご承知と思いますが、中国では居延漢簡《きょえんかんかん》*1の中に「急就篇《きゅうしゅうへん》」*2という文字の教科書を記したものが觚の形式で出土しました。この木簡には上部に穴が空いており、ひもで綴じて単語カードのようにくるくる回して暗唱できるんです。文字を書くための練習であるとしたら、四面体みたいに書きにくいものに書く必要はないだろうという気がするのですが。中国の觚は、単語カードを絶えず持っていて文章を暗唱するようなものじゃないかと思います。

東野　韓国の資料は上下とも折れていまして、穴の存在というのは厳密にはわからないんです。さらに日本の観音寺の資料は、正確な文章を書いているわけではなくて、飛び飛びというか、ちょっとでたらめなところがあります。しかし韓国のものは、ちゃんと文章がたどれます。

平川　恐らく、紙と木の問題を考えるときに、今阿辻さんがおっしゃった「四面体」というのは意味があると思うんです。

　たとえば鹿児島で出土した、「嘉祥」の年号のある、土地を没収したことを告知する札などは、四面体であぜに突き刺したらしい。四面を使って書かれていて、展開すると一つの文書になります。それから、『論語』ですと、昨年見つかった兵庫県朝来郡の粟鹿駅家《あわかのうまや》跡とされている柴遺跡から出土した『論語』は「学而《がくじ》篇」で、上下が欠損しているのですけれども、やはり表裏に連続した文書になっています。

　日本の木簡の場合でも、一本の短冊の表裏に書いて、それを何本か連ねて表裏で通して

*1　42頁注1参照。

*2　「急就章」とも。中国で前漢の末に史游によって編集された文字を学ぶための教本で、おもに四言で綴られた韻文から成る。教養人の基礎として、登用試験にも出題されるなど広く使用された。

見ていけば一つの冊に近いようなものになる。そうだとすると、今まで書物を断片的に書いた物はすべて手習いだと評価していたのですが、居延漢簡の「急就篇」のような暗唱用、もしかすると連ねて本のようにしていたかも知れない。そのあたりももう一回検討する必要があるだろうと思います。

いずれにしても『論語』や『千字文』*1の需要が高まってくるのは六世紀あるいは七世紀段階らしい。文献的にも対応しています。そういう意味では先ほどの東野さんのご指摘は非常に意味のあるご指摘だろうと思います。

＊1　67頁参照。

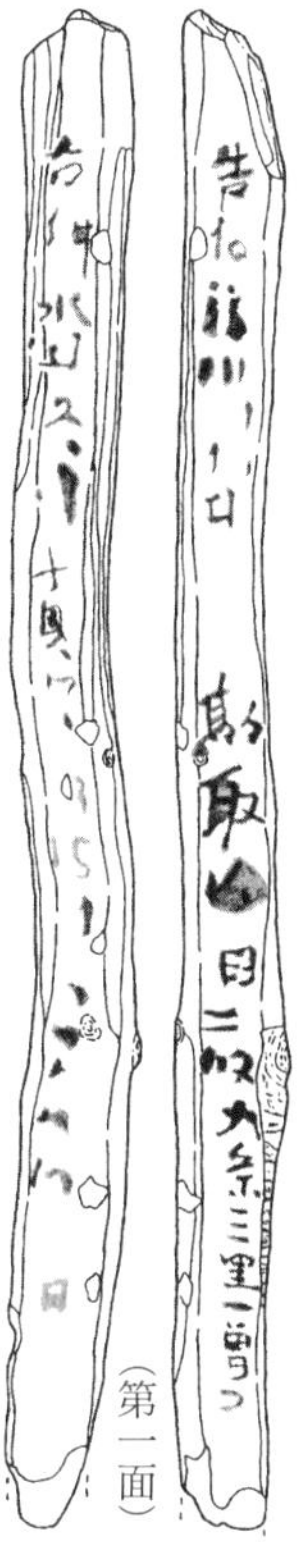

・告知諸田刀□〔祢カ〕等　勘取□田二段九条三里一曽□□（第一面）
・右件水田□□□子□〔息カ〕□□□□□□□（第二面）
・　嘉祥三年三月十四日　大領薩麻公（第三面）
・　　　擬小領（第四面）

池池天地玄黄
宇宙洪荒日月
霊龜二年三月

◀上：鹿児島県川内市京田［きょうでん］遺跡出土の木簡。告知のために畔につきさしたと考えられる杭状のもの。（『木簡研究』第二四号、二〇〇二年、一五五頁〜一五七頁）

◀下：平城京跡薬師寺境内出土の木簡。八世紀前半のもの。「池池」の後に、『千字文』の冒頭部分が書かれている。（奈良文化財研究所提供）

6　朝鮮半島と日本列島、文字資料を解く

七世紀になると、日本でも木簡を中心にさまざまな文字資料が見られるようになる。近年、朝鮮半島でも考古学的調査が進み、日本の資料との比較検討が始まった。そこからは、日本の文字文化が、朝鮮半島の影響をさまざまな角度から、色濃く受けていることが読み取れる。

◆「椋」字をめぐって

平川　さて、いよいよ七世紀段階に入ると資料が非常にふえてきます。出土文字を中心とした資料と、それから出土資料ではなくて、法隆寺の仏像の光背や台座に書かれた銘文などがあります。

こういった七世紀の資料は、数が増すにしたがって、古代の朝鮮の文字文化との関連というものが強く出てきています。たとえば字書木簡[*1]のようなものを見ますと、漢字の訓読み・音読みというようなところに朝鮮の音なども見えたりしていますが、その古代の朝鮮の文字文化との関連をこれから少し見ていきたいと思います。

まず、李成市さんの講演で、字体、用字等で特徴的なものを挙げていただき、石碑全体

*1　漢字の発音・意味を表記した木簡。たとえば奈良県飛鳥池遺跡では、八世紀初めの木簡で、漢字の音読みを示す万葉仮名が書かれたものが出土している。また、滋賀県北大津遺跡出土の木簡に、漢字の訓を万葉仮名で記した漢和辞典のような七世紀後半のものがある。(『古代日本の文字世界』平川南編、大修館書店、二〇〇〇年ほか)

についても触れていただきましたが、その中で朝鮮半島の「椋《くら》」の字についての指摘[*1]がありました。この字は古代の日本ではごく一般に「蔵」という意味で使っていますが、「椋」の日本の用例は、わりと古い資料に出てくるような気がするのですが。

東野　そうですね。「椋部」という大蔵省の下級役人の場合、藤原宮木簡とか飛鳥の木簡だとこの「椋」を書きますが、奈良時代になると「蔵」になってしまいますので、やはり古い時代、朝鮮半島の文化の影響の強い時代に使ったという傾向はあるようですね。

平川　私がかかわった福岡県小郡《おごおり》市の井上薬師堂遺跡出土の資料に七世紀後半の木簡があり、そこに書かれた「白日椋《しらひのくら》」というのも、この「椋」ですね。それから、兵庫県の山垣遺跡でも、「慶雲三年」（七〇六）の年紀のある木簡に「椋留稲《くらどめのいね》」とあり、ここでも「椋」の字が使われています。

　阿辻さん、中国では、この「椋」の文字そのものはどうなっているんでしょうか。

阿辻　「蔵」と「椋」というのは、たぶん中国では通用関係[*2]がないと思います。恐らく、朝鮮語の関係から日本に来たのでしょうね。「へー、おもしろいな」と思ってお話を伺っていました。中国からはちょっと考えがたい用法です。

李　これについては、稲葉岩吉の『釈椋《しゃくきょう》』[*3]という著作の中で、「椋」字を克明に追いかけた論文があるのです。その中の仮説の前半部を前提にして展開させてみました。

◆石碑文化に見る文字の広がりの違い

平川　一番象徴的ですので「椋」の字に触れてお聞きしたのですが、こうした用字の問題

*1　42頁参照。

*2　同音あるいは近似音などの関係を媒介として、ある漢字が他の漢字の代用として使われること。

*3　43頁注3参照。

□〔寅〕年白日椋稲遺人

黒人赤加倍十
山ア田母之本廿
日方□□〔ツ呉〕之倍十
木田支万羽之本十

竹野万皮刅*本五

*＝「引」の異体字

□□年正月十一日秦人マ新野□□□貸給

秦人マ新野百□□〔束カ〕本田五百代
同マ小林廿束□□墓垣百代
伊干我郡嶋里秦人マ安古十一束

同里秦人マ志比十束
秦人マ加比十五束
竹田里春マ若万呂十束

秦人マ身十束
間人マ須久奈十束

合百九十六束椋□〔留カ〕稲二百四束
別而代□物八十束□〔勘カ〕新野貸給
并本□四百八十束

日本の古代木簡で「椋」字が使われている例。
▲福岡県井上薬師堂出土。七世紀後半。
◀兵庫県山垣遺跡出土。八世紀初頭。

のほかに、私が興味深く思ったのは石碑の形態です。冷水里[*1]のような碑は自然石ですが、真興王[*2]の巡狩《じゅんしゅ》碑は切石で蓋（笠石）があるという形態です。これはやはり内容的なもので使い分けていると理解していいんですか。

李　私もそう考えております。笠石のある三つの巡狩碑ですが、先ほども申し上げましたように、新羅は中国南北両王朝に朝貢を果たしました。北朝の北斉には五六四年に行っており、翌年に冊封されています。その冊封名は「東夷校尉・楽浪郡公・新羅王」でした。「東夷校尉」とは代々、東方の周辺民族のうち、最も有力な民族の王に与えられる称号です。「楽浪郡公」は、新羅が初めてもらった爵号です。「楽浪」というのはそれ以前は高句麗や百済が、たとえば「使持節都督営州諸軍事征東将軍高句麗王楽浪公」（四一二年）とか、「鎮東将軍領楽浪太守（百済王）」（三七二年）のような形で中国王朝から官爵に付して賜与されてきたのですが、それだけ中国王朝にとっても、朝鮮三国の国々にとっても「楽浪」とは非常に重要な称号でした。笠石のある三つの巡狩碑はいずれも、「楽浪郡公」という冊封名をもらった後に建てられた碑なんです。

　先ほど暦の問題が出ましたけれども、この碑の中では真興王が自分のことを「朕」といったり、「帝王建号」（帝王が号を建てる）という字句があったりします。実際にこの石碑には「太昌」という新羅の年号まで記しています。「朕」という呼称、あるいは年号の決定は、中国の皇帝が行ってきたことです。すなわちこの石碑は、新羅の王が自分を中国の皇帝の地位になぞらえて、三国の覇者であるかのように刻み込んだものと考えられます。かつて百済の都であり高句麗が一〇〇年近く治めたソウル地方や、旧高句麗の領域の奥深

＊1　61頁参照。
＊2　64頁参照。

くに進出したばかりの新羅にとって、王の徳化を知らしめることが必要であったために、非常に形式にこだわってこのような体裁をとったのだろうと私は考えています。

平川 朝鮮半島の巡狩碑は、非常に荘重な漢文体で、しかも形態的にもきちんと整えられた中国風の石碑です。日本では、古代の石碑は二〇碑くらいしかない。朝鮮半島では王が巡狩したときにその功績を碑に記して建てるのですが、日本列島ではそういう種類のものは全くない。その違いは一体なぜなのでしょう。

先ほどから皆さんが強調されている「文字を記す」ということ、そして「だれを対象にして記すのか」ということは、この石碑の問題とも深くかかわっていると思うんですが、古代日本の石碑文化、石碑に記すという行為がなぜ少ないのかということについて何かありますか。

東野 古代朝鮮の場合、六世紀に随分多くの石碑があるわけですよね。日本にも似た形の碑は確かにあるけれども、それは七世紀になってからですし、数も非常に少ない。また、古代朝鮮の碑には、漢文でなく朝鮮語をそのまま写したような碑文を持つものがある。日本の場合、そういう碑はむしろ少なくて、正式な漢文のものが多い。

それらを考え合わせると、朝鮮半島では碑を建てるということが単に「立派なものを建てたぞ」というだけではなく、それを実際に読める人がいて、その人たちに読ませるための文を刻むことに意味がある、という面がかなりあったと思うんです。しかも六世紀代からあった。

しかし日本の場合は、碑に対する好みもあるとは思いますが、どうもそういう文化が育ってないというか、やはり文字文化の広がりが浅いという気がします。だから、碑を建てるなら正式な漢文で立派なものを建てて、形を見せればいいという感じがある。古代朝鮮と古代日本では、文字文化の広がり方が随分違うのではなかろうかと思います。

平川　いくらか日本語文的なのは山ノ上碑くらいで、ほとんどの石碑はいまおっしゃったように完全な、むしろきちんとした漢文体ですね。日本の場合は日本語文として記すものは木簡なんかに多い。七世紀から八世紀でも早い段階にかけて、急激にそういった木簡が増える。

そうなりますとやはり、日本では石碑というものはひとつ構えてつくっているけれども、朝鮮半島では朝鮮語の語順で書かれたような石碑があるというのは、やはり受ける側が十分対応できるような文字文化を持っていたのであろう、という分析でよろしいんでしょうか。

日本の場合は列島内に古代の碑は二〇碑しかなく、しかもほぼ例外なく、中国や朝鮮半島と関連の強い人物が、石碑の建立にかかわってるということも特徴です。

東野　西日本に少なくて東日本に多い。やはり渡来の人たちが移り住んだ地などにかかわりがあるということですね。

平川　そういう点で、石碑というのは非常に意味のある資料だといえますね。当時の朝鮮半島と日本列島における文字文化を比較して見るときに、大きな手がかりになるのではないかと考えられます。

◆日朝で共通、独自の用字「鎰」

平川　それから、李成市さんが新羅の資料と古代日本の資料のご説明の中で二つほど挙げられましたが、まず「鎰」の字についてです。阿辻さん、日本と古代の朝鮮では、どうやらこの「鎰」を「かぎ」という用法で使っているのですが……。

阿辻　私、本日ここへ来た最大の収穫はこれだと思っております。これはすごい知識を与えていただきました。中国ではこれは「かぎ」という意味には使わないと思います。あまり見かけない文字ですね。

平川　「かんぬき」という意味もないですよね。

阿辻　どうでしょうね。きょう見せられたばかりなんで、ないといって、家に帰って漢和辞典で調べてあったら恥をかきますので断言できませんが、あまり常用される文字ではないです。

平川　この前ちょっと中国の方にお聞きしたら、「ひょっとしたらそういう意味合いもあったのかな」とおっしゃっていたので。もともとは中国に、この「鎰」に「かぎ」に近い意味があったけれども……ということはないですか。

阿辻　この字が中国にあるかどうかも自信がないですし、恐らくあったとしてもめったに使われない字ではないかと思います。

東野　犬飼さんは随分調べてますか。

犬飼　これは金属の重さをはかる単位の字なんです。

平川　目方の単位のようですね。

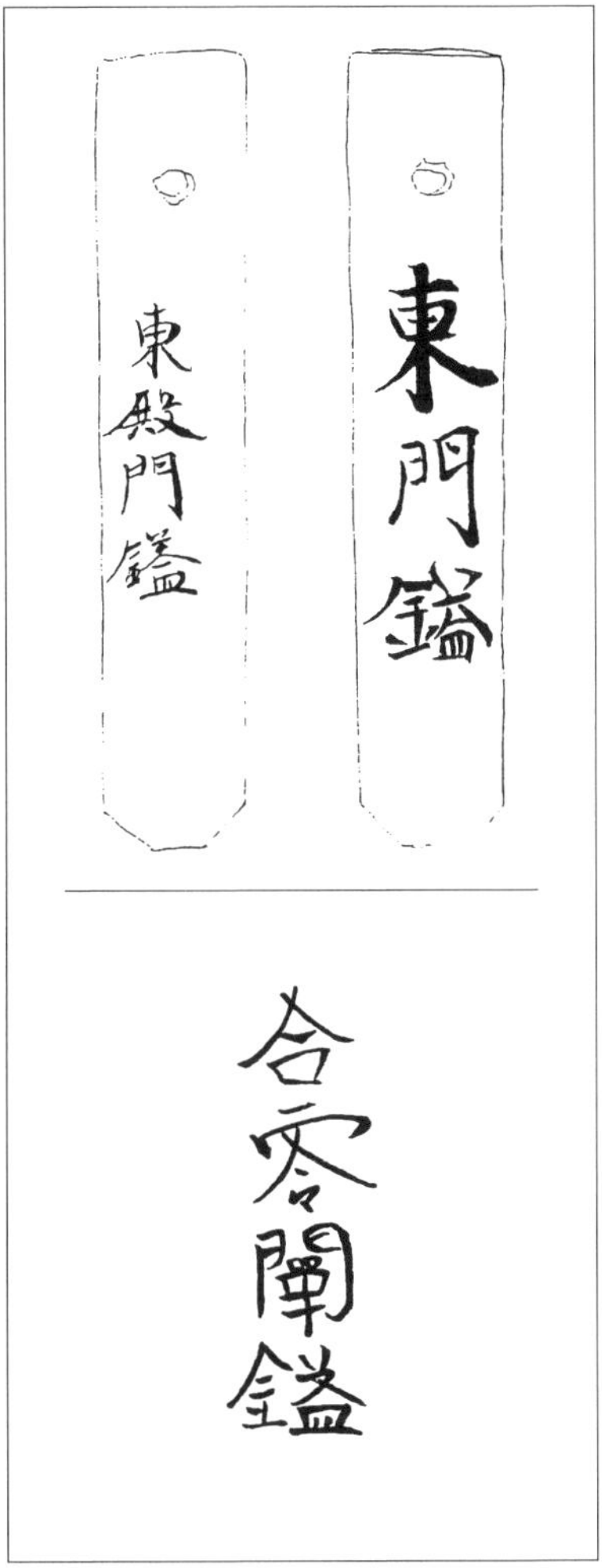

▶上：平城宮二条大路出土木簡（八世紀前半）
下：韓国・雁鴨池出土鉄製鍵の銘文（統一新羅時代）

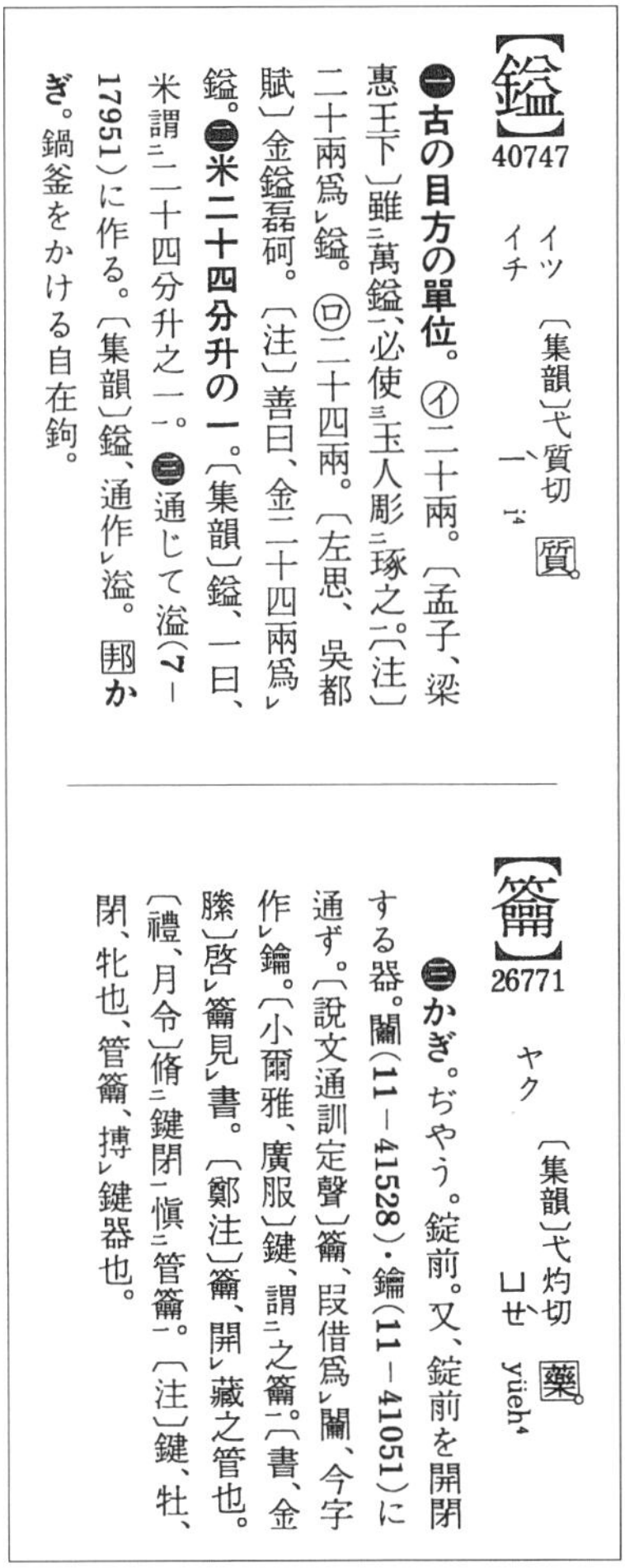

【鎰】40747 イツ イチ 〔集韻〕弋質切 質 一ˋ i⁴

❶古の目方の單位。㋑二十兩。〔孟子、梁惠王下〕雖㆓萬鎰㆒、必使㆔玉人彫㆓琢之㆒。〔注〕二十兩爲㆑鎰。㋺二十四兩。〔左思、吳都賦〕金鎰磊砢。〔注〕善曰、金二十四兩爲㆑鎰。❷米二十四分升の一。〔集韻〕鎰、一曰、米謂㆓二十四分升之一㆒。❸通じて溢（7－17951）に作る。〔集韻〕鎰、通作㆑溢。国かぎ。鍋釜をかける自在鉤。

【籥】26771 ヤク 〔集韻〕弋灼切 藥 ㄩㄝˋ yüeh⁴

❸かぎ。ぢやう。錠前。又、錠前を開閉する器。𨷲（11－41528）・鑰（11－41051）に通ず。〔說文通訓定聲〕籥、叚借爲㆑𨷲、今字作㆑鑰。〔小爾雅、廣服〕鍵、謂㆓之籥㆒。〔書、金縢〕啓㆑籥見㆑書。〔鄭注〕籥、開㆑藏之管也。〔禮、月令〕脩㆓鍵閉㆒愼㆓管籥㆒。〔注〕鍵、牡、閉、牝也、管籥、搏㆑鍵器也。

◀『大漢和辞典』（諸橋轍次著、大修館書店）より「鎰」と「籥」。「鎰」の解説の最後に日本での意味として「かぎ」が挙げられている。

犬飼　「貫」などと同じようなたぐいの字です。ですから、金属製品に使う可能性はあります。それから、口を開いたついでに申しますが、二条大路木簡にも「東殿門鎰」とあり、この「鎰」の字は、旁《つくり》の上の方に「たけかんむり」めいたものが見えるように思うのですが。

平川　これは東野さん、現物を見ておられるでしょう。

東野　見ているとは思いますが、「たけかんむり」というよりは、横に「ちょんちょん」と書かれたものだと……。

犬飼　というのは、こういう形のかぎの本字があるんです。下の方は「皿」でなくて、「冊」のような字なんですけれども。

阿辻　「籥」という字ですね。

犬飼　そうです。あのあたりから何か紛れたんだろうと、以前から考えておりました。

阿辻　今の中国語では「かぎ」ということの字を使います。

◆城山山城遺跡出土木簡をめぐって

平川　城山山城[*1]の木簡で何かつけ加えることはありませんか。

李　一七四〜一七五頁に、何点か資料として掲げたので見ていきましょう。まず、①・②をご覧いただくと典型的なものがわかると思うんですが、①は「烏欣弥村」という地域名があって、「卜兮」という名前があり、最後に「稗一石」と記されています。②も、「仇伐于好女村」が地名で、「卑ア」が名前、最後に「稗一石」です。このように「地名＋人

＊1　50〜51頁参照。

名＋物品名＋数量」という記載様式になっていますが、一部に人名の下に官位（外位）が記されているものもあります。

興味深いものはいくつかあるんですが、たとえば③の資料です。「牟」と「于」の間、右側に、レ点のように転倒符が入っております。これは恐らく本来ならば「于」と「牟」という順に書くべきところを、間違えたので転倒符で返って名前を「于牟支」と読めという指示だと思います。

それから④と⑤、「仇利伐　上彡者村」というのが全く同じ筆跡です。同一人物が「仇利伐　上彡者村」まで書いているのです。④の資料はその下に「波婁」という、恐らく人名と思われる二字が書いてありますが、これは平川先生が異筆[*1]だということを見つけられました。つまり、「波婁」だけ書いた人が違う。場面として想像すると、「仇利伐　上彡者村」という部分はお役人が何枚か書いて、波婁という本人が後からサインをした可能性もある。⑤はどうかといいますと、裏側に「乞利」という名前が、これも表側とは異筆の文字で書かれております。つまり、これも本人が名前だけをサインした可能性があります。

これらの木簡に書いてある地名で現在の地名と比定できるものを、韓国の研究者が的確に探し出しております。この木簡が発見された場所は咸安《ハマン》という朝鮮半島東南部の南端です。木簡に書かれた地名のうち最も遠いものとしては、直線距離でも一七〇〜一八〇キロぐらい北上したあたりの地名がいくつか見えます。そんなに離れたところから持ち込まれた穀物の付札なわけです。このように離れた場所同士がどうやって結ばれていたのかといいますと、洛東江という川を使って真っすぐ南下すればそのまま咸安につく。ほかの地名

＊1　別人によって書かれたもの。

◀城山山城出土木簡。(『咸安城山山城』韓国・国立昌原文化財研究所、一九九八年)

①烏欣弥村卜兮稗一石

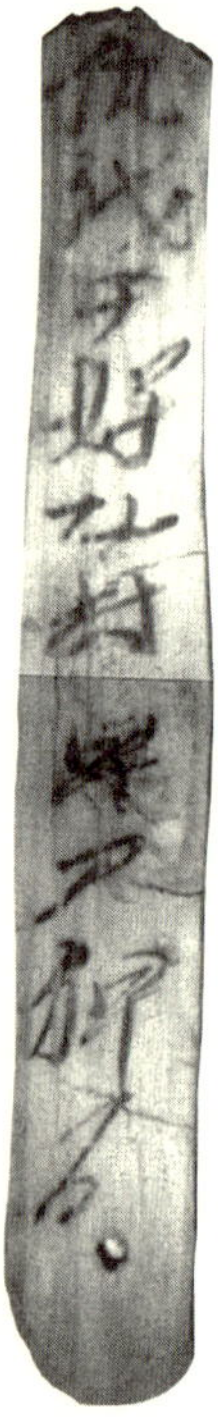

②仇伐于好女村卑ア稗一石

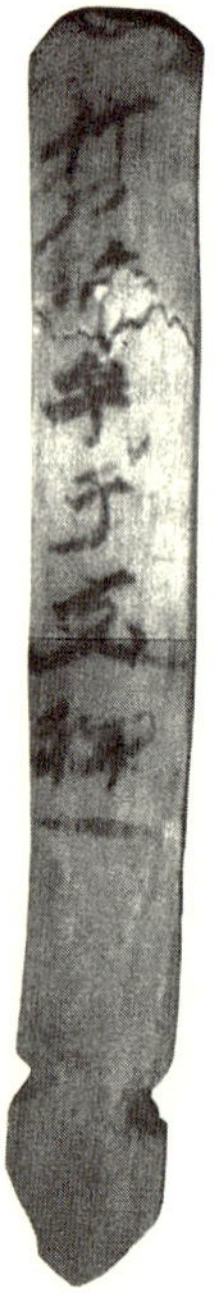

③竹尸□牟ㇾ于支稗一

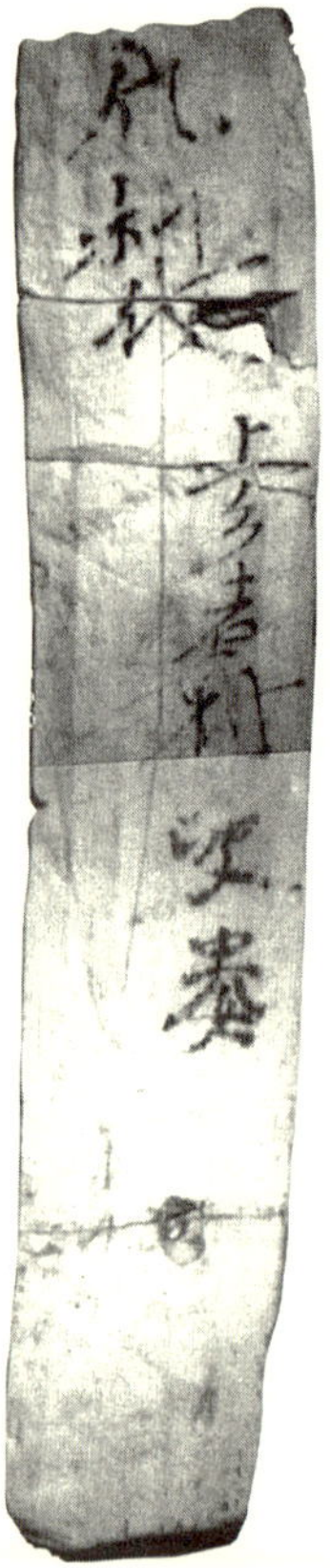

④仇利伐　上彡者村『波婁』

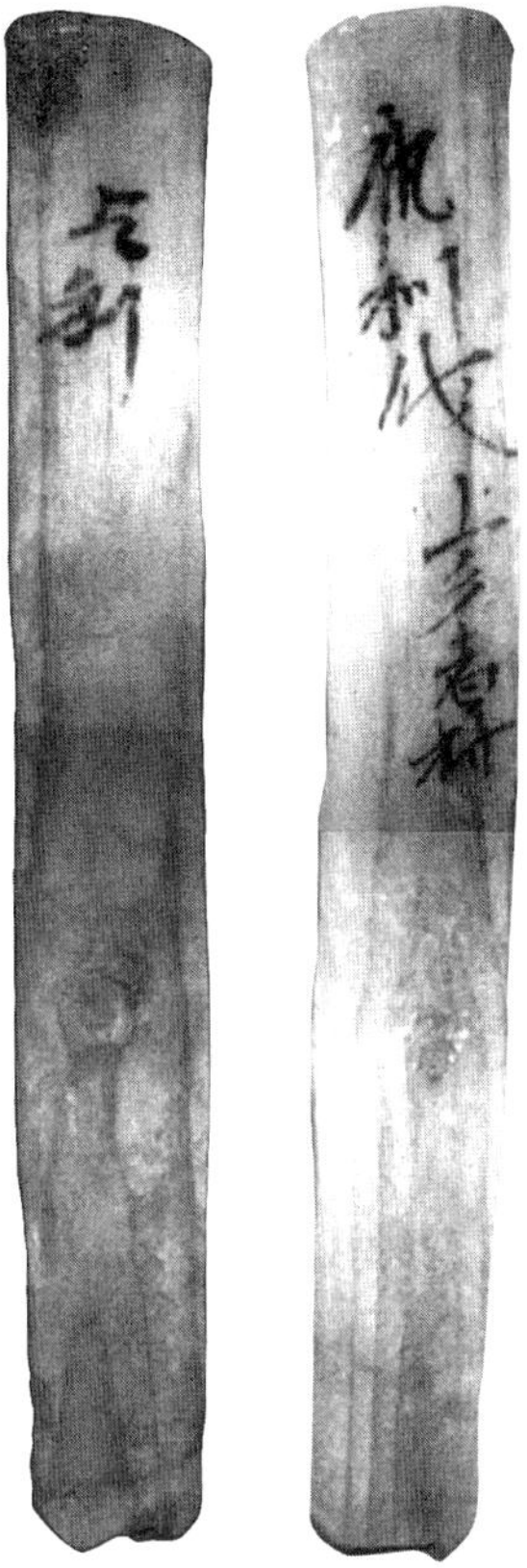

⑤仇利伐　上彡者村

『乞利』

⑥仇利伐　□徳知一伐奴人　□

※「　」は異筆。

も洛東江の中・上流域に位置しております。恐らくその水系を新羅が把握して、その水系を使いながら南方の百済と争い、この南部の加耶の土地を獲得した。そして、その保全のために新羅の政治支配下にある在地首長たちを使って、ここに軍事物資を蓄えたのではないかと考えております。基礎的な研究は、平川先生が城山山城木簡の国際会議[*1]で発表なさってますので、そちらをご参照ください。

平川　ありがとうございました。日本ではあまり紹介されていない資料ですので、何かこの木簡についてさらにご意見があればいただきたいのですが。

李　これらの木簡の中には、字体でも注目すべきものがあります。小さな見えにくい字ですが、⑥の木簡に「奴人」という字があって、「奴」という字がずっと右側に伸びていますね。この書体は平川先生が注目されている順興邑内里《じゅんこうゆうないり》壁画古墳の「人」という字が右の方にずっと流れるような大変特徴的な文字に類似しています。おおよそ城山山城木簡に記されている文字は丹陽赤城碑とも字体がよく似ております。荷札がもたらされた地域もほぼ同じ地域です。だいたい、現在の慶尚北道の北部地域に相当します。要するに、文字の使い手はかつての高句麗領域民だった可能性があるのではないかと思っています。

平川　これは法隆寺金堂の台座墨書[*2]とか、難波宮下層の「広平大哉…」のような木簡[*3]、七世紀前半から中ごろの日本の資料に似た感じの書体のものが出ています。朝鮮半島のものは六世紀中ごろの資料ですけれども。こういった書体の共通性もかなり明確になってきているというふうに見てよろしいかと思います。

　この城山山城ではこういった北の方から物資を送る付札のシステムが出てきています

＊1　「日本古代木簡研究の現状と視点」「附　咸安・城山山城木簡」『韓国古代史研究』19、韓国古代史学会（二〇〇〇年、一二三頁〜一五四頁）

＊2　法隆寺金堂の釈迦如来像台座内側に書かれた墨書。「見」「陵」「識」などの字に、右側へのはらいが伸びやかに記される同様の特徴が見られる。97頁参照。

＊3　前期難波宮（七世紀半ば）の朝堂院南辺の土坑から出土した習書木簡。表面に「広平大哉宿世…」裏面に「是以是故是是…」とある。

し、それから「城」「村」というような形で行政区分もきっちりと明記されている。木簡から新羅の地方行政制度の整備された様子がうかがえるわけです。つまり、地方行政の確立に伴って文書行政が整えられたと考えられます。そうなりますと、これまで日本の場合は、律令の公文書制の成立に伴って文字文化というものが飛躍的に成長し、あるいは文書の形式が整えられたのだといわれていたのですが、かつて東野さんが提言されたように、むしろ唐制の律令の受容以前に南北朝期の文書様式が影響した可能性がないかということになる。その辺からいいますと六世紀段階、あるいは七世紀の早い段階で、かなり日本の行政文書の整備も進んだという可能性はいかがでしょうか。

東野　あると思うんです。今のところ、発掘で出てきている文字資料は、やはり七世紀代の遺跡、しかも役所跡、あるいは都の跡からのものに限られています。それから、仏教関係の遺跡では木簡などは出てはいますけれども、それほどたくさんではない。しかもそれぞれに特色があって、つながらないように見えます。しかし、全体としてみたら、朝鮮半島ほどではないにしても、日本の文字文化は六世紀代に展開しつつある、そんな感じがします。

平川　六世紀代の文字資料はこれからも発掘されることでしょう。東野さんがおっしゃるように、朝鮮半島の状況を考えれば、「唐の律令制の導入が日本の文字文化の浸透につながった」という通り一遍の解釈では収まりきらなくなる可能性は、大いにあると思います。

質疑応答

平川　このあたりで、先ほど会場で集めた質問を中心に、いくつかをピックアップして回答してみましょう。

Q「朝鮮半島で木簡の出土が急に増えているのはなぜですか?」

平川　これは日本の場合もそうなんですが、開発が丘陵地からやがて低地に進んでいき、その結果資料が増えてくるわけです。一般に、非常に湿気の多い場所、逆に非常に乾燥した場所では、木や骨などの有機物はよく残ります。先ほどの金海の資料もその例です。また、城山山城の場合は山城の池から出てきたものです。これはまだほんの一部しか掘ってないので、今後非常にふえる可能性があります。

Q「扶余族と韓族の違いは?」

犬飼　扶余《ふよ》族と韓族、*1どう違うといわれても、私も違うとしか申し上げられませんが、わかっておりますことは、扶余族は満州の方面から南下してきた人たちであるということです。韓族は半島に古くから住み着いていた人たちです。

両者は言語の系統は同系なのですが微妙に違っています。先ほど紹介しました、発音が

*1　76頁参照。

母音で終わるか子音で終わるかという話です。世界の言語の中にアルタイ語という一族があり、これはユーラシア大陸の東から西に広く分布している言語です。その中に語末の母音がなくなってしまう傾向を持つ言語の一族というのがあります。具体的にはトルコ語と韓国語がそうです。そして、そのような語末の母音消失を起こさない一族がありまして、これは満州語とかツングース語です。

ちょうどこの扶余族というのがアルタイ語の中でモンゴル語とかツングース語に近い。日本語もそれに近い。一方、韓族の言語というのが典型的な語末の母音をなくしてしまった方の系統です。なぜそうなったかというのは、言語学では説明しないことになっています。そうなったことについて説明はしますけれども、なぜということは言語学では扱わない。そういうくせのある言語とくせのない言語とがあったということです。

Q「日本語の発音の少なさを実感します。発音の多い言語について教えてください」

犬飼　発音の種類が多いように見えるか、少ないように見えるか、これは子音とか母音の組み合わせの仕方がどのぐらいあるかということで決まります。子音の種類とか、母音の種類というのは、これは世界的にたいして違いがありません。母音は少ないものが三つぐらいで、多くても十、子音も十数個しかないというのが普通なんです。

問題は組み合わせです。「street［striːt］」の例のように、英語だと、「子音＋子音＋子音＋母音＋子音」などという組み合わせが平気でできます。発音の種類というのは、母音が含まれている部分をひとまとまりと見て数えますから、この場合［striːt］は母音ひとつ、つまり一種類の発音です。ですから、英語は発音の種類が五千あるとか、いや、七万あるとかいろいろいわれます。多いのは英語だと思います。

一方日本語は、川田先生のお話にありましたように百[*1]ちょっとしかない。これはつまり、「子音一個＋母音一個」という組み合わせ以外一切しないというふうに、組み合わせの規則が非常に単純だからです。中国語は現代の中国語で三百ぐらいの種類、古代はもう少し多くて数百というふうにいわれております。

Q「古代の発音をどのように推測するのか、詳しく教えてください」

平川　今の民族の問題ともかかわるんでしょうけれども、犬飼さん[*2]の報告で、高句麗と百済の言語が今の朝鮮語、韓国語に残らなかったのは、朝鮮半島を七世紀の中ごろに統一した新羅の言語が非常に大きな力を持っていったために消えていったのだという説明をされました。私、学生時代からずっとわからなくて自分でなかなか研究できなかったので、今日それを教えていただけてとてもうれしく思っています。

例えば「城」という字がありますが、岩波書店の『日本古典文学大系　日本書紀』の注釈[*3]でも、「城」が「キ」とされるのは百済語であると書かれています。そして、朝鮮語ではそれは「サシ」と読むというふうに補注で語られている。その点について、もう一度犬飼さん、ご説明をしていただけますか。

犬飼　古代の朝鮮語を再現するには『三国史記』という高麗時代に編纂された本に出てくる地名を使います。その本に、「買忽一云水城…」というくだりがありまして、「〝買忽〟

*1　107頁参照。

*2　75頁参照。

*3　『日本書紀』下、継体天皇八年三月条（三二頁）の補注（五四六頁）。

という高句麗の地名が新羅によって〝水城〟と書き改められて、高麗時代にもその名で呼ばれていた」と書いてあります。

そうしますと、この「買」という字の音「mai」が「水」にあたっている。ほかの部分をいろいろ調べても、「水」という意味の単語が出てくると、『三国史記』では「mai（メイ）」という発音をしている。ですから、古代の高句麗語に水の意味で「mai」という単語があったと、こういうことになります。同じく高句麗では「城」は「xor（ホルまたはコルに近い音）」で発音していた。その同じような手続きで、百済では「城」は「ki（キ）」であったというふうに再現されています。そして、さらに同じ手続きで、新羅では「城」は「cas（ツァス）」になります。「c」が大体チという発音だとお考えください。

一方の古代の日本語の方ですが、さ行がどうやら「サ、シ、ス、セ、ソ」ではなくて、古くは「ツァ、チ、ツ、ツェ、ツォ」だったようです。笹の葉は「さらさら」でなくて葉ずれの「ツァラツァラ」なんです。それから、スズメは何でスズメかというと、あれは「チュッチュッ」と鳴くからスズメ。その理屈でございまして、新羅の「cas（ツァス）」は、古代の日本人の耳には「ツァチ」のように聞こえ、仮名で書くと「さし」として受けとめられます。

平川　恐らく、日本においては当初「城」を「キ」と呼んでいたのでしょう。ところが『日本書紀』の中では、古代の朝鮮関係の資料については「城」に「サシ」と読みを入れている。ということは、今のご説明のように、もともと百済系の「キ」に対して後から新羅の読みとして「サシ」が入ってきたということですね。日本ではこれが後の北海道のアイヌ語の「チャシ」につながる語源だというふうにもいわれていますが、これは、新羅のいわば城柵を指す古語の「サシ」からそれが発展していったからだと理解すればよろしいということでしょう。

Q「日本における母音〝エ〟の成立について、詳しく教えてください」

平川　犬飼さんが指摘された点のもう一つ、先ほどは詳しく触れていただかなかったので少し補足していただければと思うんですが、古代朝鮮半島と日本列島の言語接触において、日本語の祖に生じた大きな変化の一つが「母音の〝エ〟の成立」であるということをおっしゃいました。

　レジュメの中に「日置」「春雨」などを例に挙げていただいているので、これらについてご説明いただけますか。古代史では例えば「日置」は「ヘキ」と読みますが、これも「hioki（ヒオキ）」だと「i（イ）」と「o（オ）」の母音が重なるので、そこから「e（エ）」という母音一つになっていった。あるいは「春雨」が「ハルサメ」になるのは「haruame（ハルアメ）」に子音の「s」をわざわざ入れて「harusame（ハルサメ）」というふうに変化したとありますね。

　特にこの母音の「e（エ）」のことについてもう少しつけ加えて説明いただけますか。

犬飼　なるべく短く申し上げようと思いますが、先ほど*1「天壽國曼荼羅繡帳銘《てんじゅこくまんだらしゅうちょうめい》」などを使って、七世紀の朝鮮半島の人の耳では当時日本語にあった「me（メ）」と「mi（ミ）」との区別がついていなかったという話を申し上げました。「me（メ）」の「e（エ）」と

*1　80頁参照。

いう母音は日本語でも新しいものであって、発音も非常にまだ安定しておらず、さらに朝鮮半島には「me（メ）」の「e（エ）」にあたる母音がありませんのでいろいろな音に聞こえたのです。「天壽國曼荼羅繡帳銘」の場合は「mi（ミ）」に近い音に聞いてしまったし、稲荷山古墳の鉄剣の銘文や、『日本書紀』が引いている百済の本などでは「ke（ケ）」の音を「ko（コ）」に聞いている[*1]。では「e（エ）」という母音がどういう事情でできてきたかということです。

まず思い出していただきたいのは、日本語の発音は、子音と母音と一個おきに並ばないと気が済まないという性格を持っていることです。ですから、母音が二つ並んではいけないんです。

ところが、どうやら朝鮮半島から来たらしいんですが、「イ」という発音の助詞が輸入されてまいりました。これが古来の日本列島にあった単語の後ろにつくわけです。ちょうど「私が」の「が」のように、「私イ」のような形でつきます。そうしますと、前の日本語の単語は母音で終わっていますから、そこに「イ」がつくと母音が二つ並びますので大変に具合が悪い。そこで、一つにつながって、二つの母音の中間的なものとして「エ」ができた、そんなふうに考えられています。例えば「アーイ」と、ゆっくり、音が連続するように発音しながら口を閉じてみてください。「アーェーイ」というふうに途中で「エ」が出てきます。「ア」と「イ」の中ぐらいの発音で「エ」に一つにしてしまったんだろうと推測できます。

「ヘ」がどうやってできたのか、同じように考えますと、例えば「ヒオ」というふうな

*1　79〜81頁参照。この三例は、いずれも文章の書き手は朝鮮半島の人々と考えられる。

発音を含む言葉があったとして、「ヒーオ」と発音しながら口を開いていきますと、やはり途中に「ヒーエーオ」というふうに発音の途中で「エ」がでてまいりますから、「ヒオ」が「ヘ」になるという変化が起きたんだろうということです。

その証拠として考えられるのが、例えば「目」という言葉がありますけれども、目は「まぶた」の「マ」、「まつげ」の「マ」ですので、古い日本語では「マ」だったわけです。これも同じ変化で「メ」になっている。それから「手」は「たなごころ」の「タ」、「たづな」の「タ」だったろうと思われますが、現在は「テ」になっている。それが証拠に、これはおうちにお帰りになってから国語辞典を開いていただければわかるんですが、日本語の中で和語に限定しますと「エ」段で始まる単語は非常に少ない。エ段で始まる語についても、「テ」「メ」「ケ」などの一音節のものを引いてしまうとほとんど残りません。ということは、この「テ」「メ」「ケ」のようなエ段の音は、単語の一番おしまいで何か理由があってできた。その理由は、恐らく朝鮮半島から「イ」という格助詞を輸入して、従来の日本語の単語につけまくるということが三世紀から五世紀の間に日本列島で盛んに起きたんだろうということです。その証拠が「あるいは」の「い」のように、現代でも言葉の化石として残っております。

それから、日本語の成立ということですけれども、日本語のもとの形はどちらかというと東南アジア系の言語であったのが、そこに大陸の満州・朝鮮半島方面からアルタイ語系の言語が入ってきて融合したものだろうと多くの学者が考えております。先ほど申しました扶余族系の言語だったかもしれませんね。今申しました助詞の「イ」などはそういう流れの一番おしまいの新しい時代になって日本語に輸入されたものです。この「イ」は、現在の朝鮮語・韓国語では格助詞として残っております。私たちが「李君が」というところを、「李君イ」と申します。現代朝鮮語・韓国語は新羅語の系統ですから、単語が子音単独で終わってもいいので「イ」が格助詞で残りますけれども、日本語はそれができませんので直前の音と合体し、「マイ」が「メ」になってしまった。こういう理屈です。

Q「片仮名が朝鮮語の読みで理解できる、という新聞記事を見かけましたが?」

平川　つい先日の新聞[＊1]に、八世紀の大谷大学所蔵の経典に角筆[＊2]の跡があり、それが片仮名ではないか、しかも、その片仮名は朝鮮語の読みで理解できるのではないかという記事がありました。

　この角筆については、広島大学名誉教授の国語学の小林芳規《よしのり》さんが発表なさいましたが、八世紀に朝鮮で片仮名がもうつくられたんじゃないか、それが日本に入ってきてるんじゃないかという、かなりショッキングな報道でした。類似のご質問を何人かから受けておりますので、犬飼さん、簡単に。

犬飼　李先生からのお話[＊3]で、朝鮮半島の城壁石刻の中に、「部」という字を「阝」という形で略して表記している例があるとご紹介がありました。つまり、旁《つくり》だけを書いて、この漢字の意味を読ませているわけです。大谷大学の経典の角筆の字形は、この「部」のつくりを書き崩した字体ですから、それを「ブ」と読んで、その下の「リ」とあわせて「ブリ」なんだろうと。そして、書いてある単語は「根」という字でした。それを李先生に教

＊1　二〇〇二年四月三日付各紙。小林芳規「大谷大学蔵新出角筆文献について—特に、『判比量論』に書き入れられた新羅の文字と記号—」(『書香』第一九号、大谷大学、二〇〇二年六月)

＊2　木や象牙の棒状の道具で、その先を使って紙にくぼみをつけて記号などを記すもの。使用例としては漢文訓読時の訓点として仮名や符号を書き入れたものが多いが、メモ、下書き、注釈などにも使われている。

＊3　44頁参照。

えていただきましたら、現代語では「プリ」と読む。つまり「根」という字を朝鮮語で「プリ」と読んだのを、仮名でふっているのだろうというのが小林芳規先生の説です。

私は、片仮名が朝鮮半島で先行してできたということについては賛成ですけれども、この例については疑問がいろいろあります。一つは、古代の七世紀、八世紀ごろの朝鮮語で「根」という字を「プリ」という訓で読んだかどうか確認しなくてはいけない。それから、「ㄗ」という形の字は、朝鮮半島では「部」という漢字の意味でしか使ってないんです。日本へ入ってきますと、これを「へ」という仮名に使いますけれども、仮名に使う場合に「フ」にあてた例はないのです。ですから、もし仮名であれば「ヘリ」でなくてはいけないんです。その二点から、その小林先生の御説についてはにわかに賛成できかねます。

平川　ありがとうございます。こういった経典の場合ですと、経典自体は光明皇后の所蔵印がありますから八世紀のもので間違いないわけですけれども、読みの場合は後世に書き入れていく場合がいくらでもあり得るわけですから、これが八世紀というふうにまず時代を限定すること自体も大変難しいということになります。書写した年代ではありませんので、あくまでも読みを後から角筆で入れたということになりますと、必ずしも同時期かどうかはわからない。このあたりも典籍関係の資料研究の難しい点だと思います。

7 文字研究の広がりとこれから

歴史と文字についての研究は、文献史学・考古学の連携だけではなく、言語学・民族学・比較文化・文学など、学問分野にとらわれることのない意見交換が必要な段階に入ったといえる。今回のフォーラムは、こうした取り組みの端緒となるだろう。

◆中国の周辺国に視点を広げる

平川　最後の川田さんの「声と文字と歴史と」というご報告は、我々にとって文字を考える上で、すべてにかかわる非常に根本的な問いかけでした。ところで、川田さんのレジュメの最後に、「漢字をヤマトコトバの表記文字として導入したことに関する私見を、シンポジウム当日、機会があれば述べることにしたい」と書かれてますね。これをそのままに放置しますと後々私が恨まれますので、ちょっとその点についてご発言を。

川田　私はもう今回は本当に勉強をさせていただくばかりで……。特に全体を通じて非常に重要だと思ったのは、やはり朝鮮半島、朝鮮語・韓国語というものを媒介にした、日本のヤマトコトバへの漢字導入の問題です。これはほとんどすべての方が皆さん、指摘なさいましたけれども、やはり朝鮮語・韓国語ということを媒介にしてもっともっと考えなければいけないと強く感じました。

中国の周辺国で漢字を受け入れたのはベトナムと朝鮮と日本ですけれども、ベトナムの場合はもともと歴史的に中国語と関係が深くて、もちろん漢文そのものも受け入れて、途中からチュノム[*1]というものを発明しました。これは日本の仮名とは逆に、漢字をむしろもっと複雑にしたものです。このチュノムでベトナム語を表記することを考えたのですが、これはあまり複雑すぎて長続きしませんでした。朝鮮語と日本語の場合は、言語としての構造が中国語とは違うというのがまず大きい。

大きく世界の言語を分けると、「孤立語」「膠着《こうちゃく》語」「屈折語」に分けられます。「屈折語」というのはインド・ヨーロッパ語で、ラテン語とかドイツ語、フランス語もそうですが、格変化がきわめて多い。ドイツ語なんかもご存じのように、まず名詞に男性・女性・中性とあって、そして名詞も単数形・複数形で違うし、それから「私の」というのも格変化で主格・所有格・対格・与格とみんな違っています。

中国語というのは「孤立語」で、基調講演で犬飼さんもおっしゃいましたけど[*2]、一音一語、そして語と語の関係というのはそんなにはっきり定まっていない。その中国語を表記するために発明された非常に表意性の強い漢字を、言語としての構造が全然違う、いわゆる「膠着語」の朝鮮語と日本語で使っている。

朝鮮語や日本語は、要するに助詞「てにをは」を名詞につけて言葉の関係を決めていきます。その「てにをは」の部分が漢字からはみ出してしまう。つまり、「てにをは」のと

*1　字喃。安南（ベトナム）では、漢代から中国文化の影響下にあり、漢字・漢文を用いていたが、十四世紀陳朝以降はベトナム語も漢字で表わす政策が為され、その際に使われた民族文字。日本の国字に似て、漢字の構成原理を利用し、漢字を複合させて作った筆画の多い文字。二十世紀以降はローマ字の普及により漢字もチュノムもしだいに使われなくなり、いまは歴史的文字となっている。

*2　67頁参照。

ころでお釣りがきてしまうので、それを処理するのに四苦八苦する。日本語の場合は非常に早い段階で仮名というのを発明しました。ご承知のように、平仮名はくずし字とか草書体のようなものからつくり出した。それから、片仮名は漢字の偏《へん》とか旁《つくり》とか一部分をとってつくったわけです。

そして、朝鮮語の場合は、十五世紀になってハングル[*1]という、仮名よりももっと徹底した子音と母音の音素からなる非常に合理的なものを発明した。もちろんその前に、今日もいろいろご説明がありましたが、日本の万葉仮名にも影響を与えたような、漢字を使った朝鮮語の表記というものもありましたけれども。ただし、日本の漢字仮名まじり文のように、漢字とハングルをまぜて書くようになったのはむしろ日本の影響で、公文書などは日清戦争の後から用いられるようになったということです。

◆漢字の導入は恩恵？　それとも？

川田　日本の場合、漢字だけで書いた正式な役所の文書などをのぞいては、漢字仮名まじり文を使って書いたわけですが、これはあくまで仮定ですけれども、この日本のヤマトコトバが非常に早い段階で漢字を取り入れたことで、ヤマトコトバの洗練・発展が随分阻害されたんではないかと思います。

さっきも申しましたように、ヤマトコトバというのは音節の種類がきわめて少ない。それから、犬飼さんもおっしゃったように、みんな開音節であって、しかも単音節語、二音節語、三音節語が圧倒的に多い。例えば、「イ」（胃・医・意・井・衣…）とか「シ」（詩・

*1　朝鮮半島では本書でも述べてきたとおり、表記文字として古くから漢字を受け入れてきたが、李朝第四代王世宗が、一四四三年に国字としてハングルを制定、朝鮮語はハングル文字で表記されるようになった。母音と子音を組み合わせてひとつの音を表す表音文字で、母音は基本母音一〇・複合母音一一、子音は平音・激音・濃音の三種類で一九ある。現在の大韓民国ではハングルと漢字が混用され、一方朝鮮民主主義人民共和国では漢字使用が廃止されている。

市・氏・四・死…）とかいう単語はもういっぱいあるわけです。ですから、同音異義語がものすごく多いので、日本語にはいわゆる忌み言葉というのが発達します。例えば、病院には四号室と九号室がない。これは「シ」とか「ク」というのが、「死」とか、「苦」という言葉と音が同じだからです。キリスト教国の病院でも一三号室がないということがありますが、これは一種の迷信というか、観念上の組み合わせです。けれども、日本語の場合は音が似ているから忌む。たとえば、おめでたい席では「塩」のことを「波の花」というとか、それから「すり鉢」というのを商人が嫌って「あたり鉢」というとか、そういう縁起を担ぐ言葉が日本語ぐらい発達している言語はないのではないか。それは同音異義語があまりに多いことも一因なのです。

例えば、ヤマトコトバで「タツ」という語の持つ意味範囲は広くて、音を立てるというのも「タツ」だし、それから時がたつというのも「タツ」、それから立ち上がるときも「タツ」、出発するというのも「タツ」、家を建てるのも「タツ」というふうに、いろいろな場面で使われます。しかし本来ヤマトコトバでは「タツ」全体として、ある一つのものを意味してるわけです。それを意味を分化させる上で便利だから漢字を使ってしまった。漢字をあてると、出発するときは「発つ」、時がたつときは「経つ」、建物をたてるときは「建つ」、というように使い分けている。はじめにお話ししたような「おしょくじけん」（汚職事件／お食事券）とか、「民俗」か「民族」かとか、漢字を媒介にして区別するくせがついてしまったんです。これはとっても便利なことで、もとのヤマトコトバとしてのニュアンスや意味が忘れられてしまうほどだったといえるでしょう。

◆漢字の造語能力

川田　さらに話を続けますと、明治維新のときに、文明開化で西洋文明を取り入れるために、一万語ともいわれる西洋語の翻訳を一所懸命にやった。「野球」「哲学」「音楽」など、もうどんどん造語しました。これは漢字の造語能力に頼ったわけです。ところが、今度は第二次大戦後になると、外来語が、片仮名語がどんどん入ってきた。中国の場合は、特別な固有名詞を除いてみんな翻訳しています。だから、明治時代の日本語と同じで、「〇〇センター」なんて「〇〇中心」というふうに翻訳するわけです。

ただ日本語は片仮名という非常に便利なものを考えたので、片仮名でどんどんやってしまった。例えば東アフリカのスワヒリ語も、文法構造はアフリカのバントゥ語で、そこにアラビア語やペルシア語の語彙がいっぱい入っています。それと同じように、サッカーや野球の中継放送で連発される片仮名語とか、あるいは「コンビニエンス・ストアのセブンイレブンに行って、マイルドセブンを買ってきておくれ」という場合、「コンビニエンス」がどういう意味なのかをおばあさんが知らなくても、理解できてしまうわけです。「コンビニエンス・ストア」だって「セブンイレブン」だって、言葉としての意味がわからなくても、実体としてそういうものがあるのですから。

ところで今、たばこの名前で「峰」というのはまだ残ってますけど、不思議なことにそれ以外は全部片仮名なんです。それから、自動車の愛称は、「スバル」は日本語ですが、あとは全部ローマ字そのままですね。それから、ＪＲやＮＴＴ、そのうちに日本政府もＪＧとかというふうになるかもしれませんが、アルファベットによる略語の類もたくさんあります。そういう形で、今度は別の形でヤマトコトバというのはどんどん乱れてきてしまった。これがいいか悪いかは知りませんが、私としてはとても残念だと思っています。

先ほど中国語というか漢字は、屈折語の部類には入らないと申し上げました。インド・ヨーロッパ語はだいたい屈折語なのですが、その中で不思議なことに英語は一番漢字でよくあらわせる。例えば、「オックスフォード・ユニバーシティ・プレス」という出版社がありますが、これは名詞を並べただけです。ですから、漢字を使って「法政大学出版局」みたいにいえるわけです。つまり、英語の場合は名詞をどんどんつなげれば文ができてしまう。これは英語そのものがインド・ヨーロッパ語の中で特殊なのです。ゲルマン系だけれども、ドイツ語とは違って格変化がほとんどない。加えて、十七世紀以後のイギリスの世界大進出の結果、通じればいいということで簡単になったという面もあるかもしれません。たとえば「ムーン・リバー」というムード音楽のタイトルですが、よく考えると「ムーン」と「リバー」の関係がわからないですね。日本語でもこれは訳せないから「ムーン・リバー」と片仮名にしている。これは、例えばフランス語とかドイツ語には訳せない。つまり、ムーンとリバーの関係がわからなければフランス語にはなりません。だけど、これをもし漢字で表わそうとしたら、「月河」と書けば済んでしまいます。そういうところから日本語でも日本製の英語、「サラリーマン」「ガソリンスタンド」「ジェットコースター」などの名詞をつなげた片仮名語ができてしまうというところもあります。

最後にまとめますと、アフリカの文字のない言語も含めて、もっと世界の言語を含めた広い視野でヤマトコトバにおける漢字の導入ということを位置づけていくということが、今後の展開としてはおもしろいし、広い意味での歴史とのかかわりを考える上でも重要なのではないかと思います。

◆文字文化研究のこれから

平川　ありがとうございました。

さて、やがて日本列島でも、八世紀、九世紀代に文字文化が村の中にまで入ってくるのですが、そこではおもしろい現象が起きてきます。通常の木簡は三〇センチ前後でつくられますが、役所が村人たちを召喚するときに出される木簡というのは、六〇センチを超す

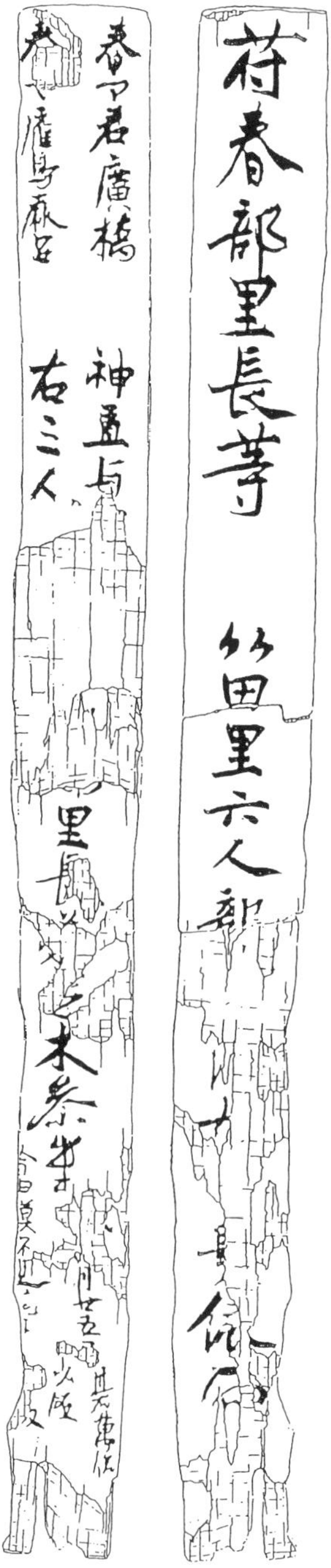

符春部里長等　竹田里六人部　□□　□依而□

春マ君広橋　神直与□　□〔部カ〕里長□□〔弟足カ〕木参出来　四月廿五日　碁萬侶
春マ鷹麻呂　右三人　少領
今日莫不過急々　□

▲山垣遺跡出土木簡。長さ六一・九センチ。八世紀前半。（兵庫県埋蔵文化財調査事務所提供、『木簡研究』二十号、木簡学会、一九九八年）

大きな木簡で、しかも大きな文字で掲示される。恐らくこれは、広場に農民たちを集めて直接口頭で伝えたんじゃないかと考えられます。

それから、石川県津幡町加茂遺跡出土の牓示札《ぼうじさつ》、お触《ふ》れ書《が》きですけれども、嘉祥二年（八四九）の年号が書かれており、「朝は四時ごろに田んぼに行き、夕方は八時ごろに帰ってこい」という農民たちへの命令が記してあります。このお触れ書きは村の一角に立てられましたが、文中には「これをきちんと要約して農民に直接口で語り伝えなさい」というふうにも書かれております。[*1]

私は、これが日本列島における古代の文字文化の一つの象徴ではないかと思います。つまり、文書行政という形で徹底して文字が広がっていった一方で、村の中では文字を十分に知り得ない人たちが

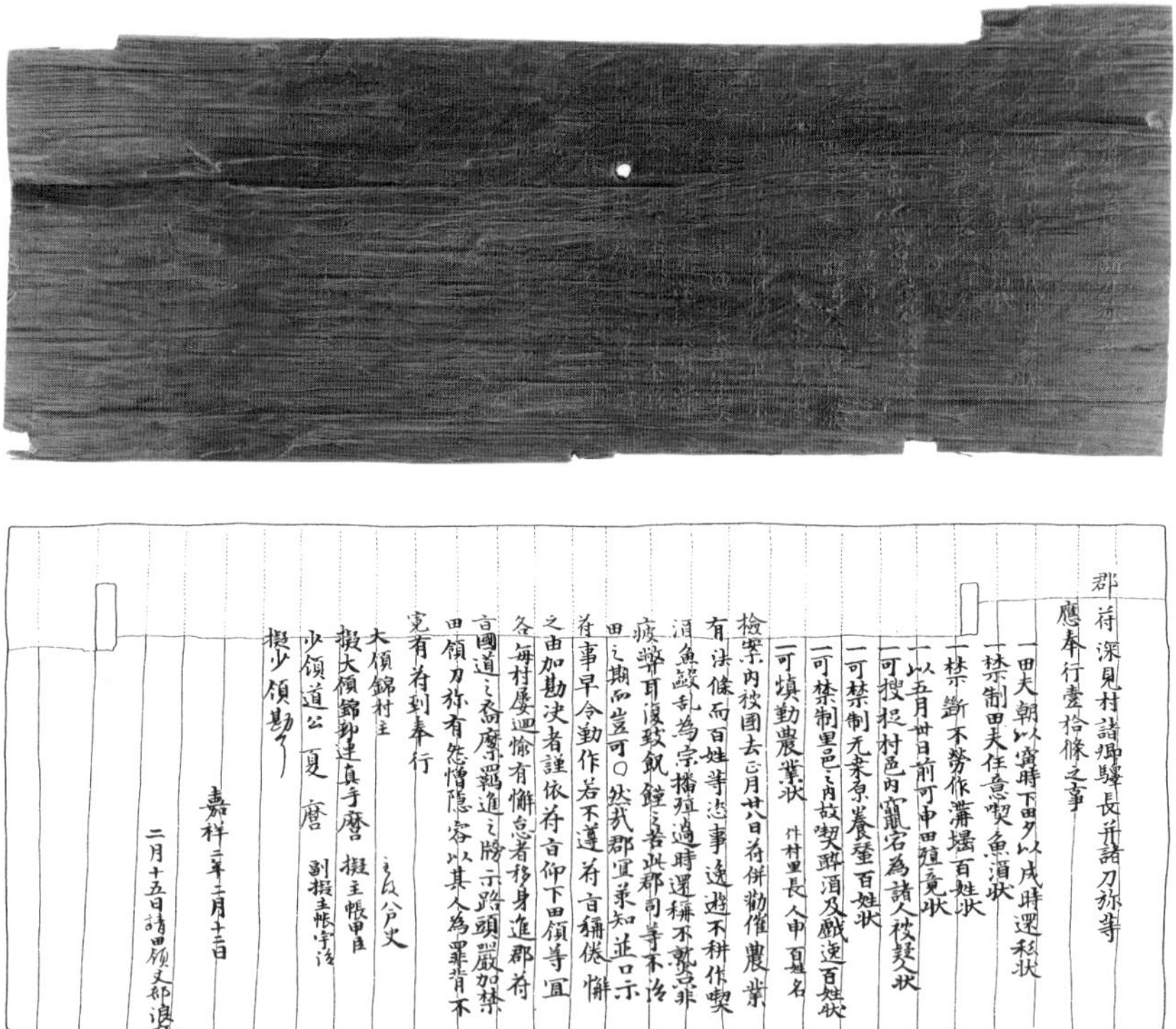

▲石川県加茂遺跡出土の加賀郡牓示札（掲示板）。「早く起きろ」「怠けるな」「飲み過ぎるな」と農民を戒める八カ条が記されており、地方役人が読み上げて伝達を徹底させるよう書いてある。平安時代前期のもので、849年の年紀がある。（石川県埋蔵文化財センター提供）

大勢存在している。その対比の中で、非常に独自な文字文化というものが生まれたのではないかと考えています。今後は、こういった資料をずっと見ていきたいと思っています。

本日は五人の方にそれぞれ興味深い報告をいただきました。皆さんもお聞きになっていて、いかがでしたでしょうか。漢字あるいは漢文について、これまで『日本書紀』や『万葉集』などの文献資料を見ている限りではなかなかわからなかったことが、地下から出てきた発掘資料によって実態がわかってまいりました。しかもそのテーマはどんどん広がって、朝鮮半島、中国、広く東アジア全体を考えないと、古代日本の文字文化は理解できないということが、本日のお話でよくおわかりかと思います。

これまで、古代史では東アジア史を政治一辺倒で見てきましたが、実はこういった一つの文字、一つの発音を通しても、非常に大きな動きを解明できるんだという実感を、本日我々は手にしたのではないでしょうか。つまり、古代の国家なり、社会なりを解明していくときに、さまざまなアプローチの仕方があり、その中の一つとして、この文字文化というものも位置づけられるだろう、ということです。

また、我々は文字を持つことの意味ばかりを追いかけてきましたが、反対に、今後は川田さんのお話のような、「文字がないことの意味」を考えないと、「文字を持つことの意味」の真理に迫れない。川田さんは早くからそういうことをおっしゃっていて、我々の書斎学的な、閉じこもった学問ではなく、さまざまな世界の文化と触れることによってもっと豊かな歴史や真実を解明できるんだという、文化人類学の必要性を早くから説いておら

*1 『発見!古代のお触れ書き―石川県加茂遺跡出土加賀郡牓示札―』(平川南監修、石川県埋蔵文化財センター編、大修館書店、二〇〇一年)

れます。

本日はそういう意味もありまして、いろいろな分野の方にご参加いただいて「中国で生まれた漢字とは一体何なのか」「日本の文字文化は古代の朝鮮の影響をどのように受けたのか」「できあがった日本列島の文字文化というものはどういうものなのか」ということを根本的に考えてまいりました。今回の「古代日本　文字のある風景」という企画展は、文字を「文字・人・場」という設定で見ていこうというものです。その展示をさらにこのフォーラムで深められたのではないかと思います。

今回の展示では、韓国の資料を韓国の諸機関のご協力でお借りすることができました。これは歴博だけの展示になりますが、ぜひこの貴重な資料を多くの皆様にご覧いただきたいと思います。同時に、「東アジアにおける二〇〇二年」というのを私は非常に意識しておりまして、日本とお隣の韓国との関係が親密に進められるべきですし、中国を含むアジア各国、あるいは世界のいろいろな国々の文化の交流ということから、我々はもっと大きなことを得ていかなければいけないと考えてます。

本日は長時間のフォーラムになりましたが、これだけの発表を聞かせてもらい、私もいろいろなことを学ばせていただきました。今回のフォーラムで疑問として残った点については、さらにいろいろ学んでいきたいと思いますので、これからも歴博ともどもよろしくお願いいたします。ありがとうございました。（拍手）

あとがき

この本の元となったフォーラムは、古代日本の文字文化の実態を明らかにすることを目的に、歴博企画展「古代日本　文字のある風景―金印から正倉院文書まで―」にあわせて、漢字学・国語学・古代朝鮮史・日本古代史および文化人類学という幅広い学問分野の研究者の参加を得て開催した。フォーラム当日は、予期した以上の広がりと、多大な示唆に富む見解が披露された。聴衆の方々からもたくさんの質問が寄せられ、朝の十時から夕方五時までの予定時間を超過するほどの内容となり、古代史、ことに、文字の歴史に対する関心の高さを改めて痛感する一日となった。

本フォーラムで注目された点をおおまかにまとめると以下のようになろう。

一、文字の発生は、多くは宗教的なものと政治権力とに結びつくこと。さらに宗教との関係でいえば、メッセージはまず声の力で最初に信徒に伝えられ、その声が文字に固定されると、そこで文字によって権威づけられた「正統」の考え方が生まれる、という流れが広く認められること。

二、倭国における文字の本格的使用は五世紀以降とされるが、五世紀後半の雄略朝ごろから中国の暦日を導入し朝廷の記録が作成されたこと。さらに、仏教および道教などとの関連によって、文字使用が急速に広まった可能性が指摘された。

三、近年、朝鮮半島における金石文や木簡資料などの研究の進展にともない、日本の文字文化が古代朝鮮の影響を強く受けたことが明らかになってきたこと。さらに、朝鮮音についていえば、例えば「城」の音のみ取り上げてみても、その複雑な古代の発音の一端がうかがえるであろう。「城」は中国では漢音「セイ」・呉音「ジョウ」であるのに対して、古代朝鮮において「城」の音は高句麗では「ホル」、百済では「キ」、そして新羅では「ツアス」→「サシ」とそれぞれ異なっている。日本の漢字文化受容期を解くにあたっては、これら朝鮮音についての目配りも必要である。

以上の点から、七世紀における我が国の文書行政の広範な展開の実態は、従来のような「唐の律令制の導入が日本の文字文化の浸透に繋がった」という通り一遍の解釈では収まりきれなくなっていることが明らかであり、今後の文字研究は、地域・時代を超えた共同研究が必須の段階に到ったと考えてよいだろう。

また、最後に川田氏が文字を持つことの意義について述べられた見解は、本フォーラムの重要な指摘の一つである。すなわち、文字を皆が読み書きできなかった時代には、文字そのものが権力と呪力をもっていた点に改めて留意する必要がある。また、アフリカの文字のない言葉も含めて、世界の言語にまで視野を拡げてヤマトコトバにおける漢字の導入の意義を問う氏の視点は、文字文化に関する広い意味での歴史とのかかわりを考える上でも重要であろう。

ところで、歴博は二〇〇四年四月、国立民族学博物館・国際日本文化研究センター・国文学研究資料館・総合地球環境学研究所と共に「大学共同利用機関法人　人間文化研究機構」として新たにスタートした。この人間文化に関する総合的研究を目指す研究機構にとっても、文字文化の研究はきわめて重要なテーマであり、本フォーラムで課題とした点について、機構の幅広い学問分野を挙げて究明していきたい。

本書は、諸事情によりフォーラム開催から刊行まで三年を経過してしまったが、パネラー五氏による文字文化に対する幅広い分析から、きわめて豊かな内容が展開され、興味が尽きないものとなっている。また本書は、二〇〇〇年に刊行した拙編書『古代日本の文字世界』（大修館書店）の続編ともいうべき内容の書となっており、併せてお読みいただければ幸いである。

なお、本書作成にあたっては、大修館書店の北村尚子氏に、先の『古代日本の文字世界』から引き続き大変なご尽力をいただいた。心から御礼を申し上げたい。

平成十七年三月

平川　南

〈歴博《れきはく》フォーラム〉

古代日本《こだいにほん》　文字《もじ》の来《き》た道《みち》―古代中国《こだいちゅうごく》・朝鮮《ちょうせん》から列島《れっとう》へ

NDC210　206p　22cm

初版第1刷――2005年3月31日
第2刷――2005年9月1日

編者――国立歴史民俗博物館《こくりつれきしみんぞくはくぶつかん》／平川《ひらかわ》　南《みなみ》
発行者――鈴木一行
発行所――株式会社大修館書店
〒101-8466 東京都千代田区神田錦町3-24
電話 03-3295-6231（販売部）03-3295-4481（編集部）
振替 00190-7-40504
[出版情報] http://www.taishukan.co.jp

装丁者――井之上聖子
印刷所――壮光舎印刷
製本所――牧製本

ISBN4-469-29089-0　　Printed in Japan